"互联网+"对江西制造业转型升级的贡献测度与提升对策研究

贺 冬 ◎ 著

西南交通大学出版社
·成 都·

图书在版编目（CIP）数据

"互联网+"对江西制造业转型升级的贡献测度与提升对策研究 / 贺冬著. －－ 成都：西南交通大学出版社，2023.12

ISBN 978-7-5643-9646-6

Ⅰ.①互… Ⅱ.①贺… Ⅲ.①互联网络－应用－制造工业－产业结构升级－研究－江西 Ⅳ.①F426.4-39

中国国家版本馆 CIP 数据核字（2023）第 247172 号

"Hulianwang +" Dui Jiangxi Zhizaoye Zhuanxing Shengji de Gongxian Cedu yu Tisheng Duice Yanjiu
"互联网+"对江西制造业转型升级的贡献测度与提升对策研究
贺 冬 著

责 任 编 辑	罗爱林
封 面 设 计	墨创文化
出 版 发 行	西南交通大学出版社 （四川省成都市金牛区二环路北一段 111 号 西南交通大学创新大厦 21 楼）
营销部电话	028-87600564　028-87600533
邮 政 编 码	610031
网　　　址	http://www.xnjdcbs.com
印　　　刷	成都蜀通印务有限责任公司
成 品 尺 寸	170 mm × 230 mm
印　　　张	10.75
字　　　数	186 千
版　　　次	2023 年 12 月第 1 版
印　　　次	2023 年 12 月第 1 次
书　　　号	ISBN 978-7-5643-9646-6
定　　　价	68.00 元

课件咨询电话：028-81435775
图书如有印装质量问题　本社负责退换
版权所有　盗版必究　举报电话：028-87600562

前言 Preface

当前,全球范围内互联网信息技术快速发展,移动互联网、大数据、云计算等技术逐步深入新一轮的科技革命和产业变革之中。我国经济发展进入新常态以来,以追求高速度为目标的发展模式已经不能适应经济发展新常态下制造业的发展,转型升级成为制造业发展的新要求。"互联网+"的出现为制造业转型升级提供了机遇,促使制造业尽快实现新旧动能转换,完成去产能、降成本的目标,助力制造业向数字化、网络化、智能化、绿色化转型升级。为此,江西省委、省政府抢抓"互联网+"发展机遇,与时俱进,积极响应国家"互联网+"政策,贯彻《落实深化"互联网+先进制造业"发展工业互联网的指导意见》《网络强国战略实施纲要》《关于深化新一代信息技术与制造业融合发展的指导意见》等政策,营造了"互联网+制造业"深度融合发展的政策环境,以此推动制造业转型升级,实现经济提质增效。

近年来,江西省大力实施工业强省战略,全省工业正处在爬坡过坎、转型升级的关键阶段,故而要加快建设科技强省、工业强省,重塑"江西制造"新辉煌。江西制造业紧盯航空、电子信息、装备制造、中医药、新能源、新材料等六大优势产业,高新技术产业、战略性新兴产业、装备制造业增速明显提高;同时推动有色、钢铁、建材、石化、食品等传统产业迈向高端化、智能化、服务化,抢抓数字经济发展新机遇,大力推动5G、工业互联网、大数据、VR(Virtual Reality,虚拟现实技术)等产业加快发展,加强改革推动、创新驱动、融合互动、绿色促动、开放带动、安全联动,高质量发展的动力不断增强。在新经济形势下,江西省制造业的可持续发展仍然面临巨大的挑战。为此,研究"互联网+"对江西制造业转型升级的贡献测度与提升对策具有重要的理论和现实意义。

本书主要研究"互联网+"对江西制造业转型升级贡献测度与提升对策，首先阐述了"互联网+"和制造业转型升级的理论依据，解释了"互联网+"与制造业转型升级的内涵。结合江西省的实际情况，利用2020—2021年江西省省级面板数据以及国家统计局数据，从数字化、网络化、智能化、绿色化等4个维度，设计了4个一级指标、16个二级指标，构建了"互联网+"对江西省级制造业转型升级贡献测度指标体系，并在此基础上，设计了4个一级指标、15个二级指标，构建了"互联网+"对江西市级制造业转型升级贡献测度指标体系。根据数据的可得性原则，设计了3个一级指标、12个二级指标，构建了"互联网+"对江西制造业细分行业转型升级贡献测度指标体系。然后采用熵权法测算了2020—2021年"互联网+"对国内30个省区市（不包括港澳台地区和西藏自治区，下同）制造业转型升级的贡献度、江西11个地级市制造业转型升级的贡献度以及28个细分行业制造业转型升级的贡献度。

测算结果表明，"互联网+"对江西制造业转型升级贡献度总体水平偏低，各分指标结构异化明显。在全国30个省区市中，北京以总贡献度0.6541位居榜首，广东、江苏、上海紧随其后；"互联网+"对江西制造业转型升级贡献度综合得分为0.1205，位于全国第25名。"互联网+"对江西市级制造业转型升级贡献度呈现四级梯队发展态势，南昌以贡献度0.9532位居全省榜首，赣州、上饶、吉安、宜春和九江紧随其后；抚州、鹰潭接近全省平均贡献度水平，景德镇、萍乡和新余则低于全省平均贡献度水平。"互联网+"对江西制造业细分行业转型升级贡献度也呈现阶梯分布格局，其中有色金属业以贡献度0.8084位居制造业细分行业榜首；非金属矿物业、运输设备业、黑色金属业、通信设备业、电气机械业、化学制品业、医药制造业、通用设备业和食品加工业高于细分行业平均贡献度；石油加工业、金属制品业、烟草制品业和纺织服装业接近细分行业平均贡献度；专用设备业、橡胶塑料业、纺织业、印刷业、文教体育业、家具制造业、饮料制造业、化学纤维业、皮毛制品业、食品制造业、造纸制品业、木材加工业、仪器仪表业和其他制造业低于细分行业平均贡献度。

根据测算结果和比较分析，结合目前江西省互联网与制造业融合发展中存在的问题，提出了提升"互联网+"对江西制造业转型升级贡献水平的对策建议，即实现企业整体数字化转型、推动制造业网络化建设、实现制造业智能化生产和提升制造业绿色化水平。基于研究结果，从政府和企业两个层面提出了江西省利用"互联网+"促进制造业转型升级的政策建议：政府应增加资金投入，加强互联网基础设施建设；减少行政干预，加快自身转型；加强监督力度，完善互联网相关法律法规；优化制造业发展的法治环境和市场环境。制造业企业则需充分发挥研发创新驱动路径、生产效率提高路径、营销能力提升路径、品牌效应延伸路径等作用，实现其转型升级的目标。

目录 Contents

第1章 导 论 ·· 001
  1.1 研究背景与意义 ··· 001
  1.2 相关文献综述 ·· 005
  1.3 研究内容、研究思路与技术路线 ························· 018
  1.4 研究方法、重难点与创新点 ······························· 021

第2章 "互联网+"与制造业转型升级的理论基础 ············ 025
  2.1 "互联网+"相关概念 ··· 025
  2.2 制造业转型升级相关概念 ··································· 034
  2.3 "互联网+"与制造业转型升级相关理论 ················ 045

第3章 "互联网+"对制造业转型升级贡献测度指标体系 ···· 055
  3.1 指标体系构建的理论、原则及步骤 ······················ 055
  3.2 评价指标体系的构建 ··· 061
  3.3 评价指标的测算方法 ··· 070

第4章 "互联网+"对江西制造业转型升级的贡献测度与分析 ···· 073
  4.1 "互联网+"对全国省级制造业转型升级的贡献测算与评价 ··· 073
  4.2 "互联网+"对江西市级制造业转型升级的贡献测算与评价 ··· 084
  4.3 "互联网+"对江西制造业细分行业转型升级的贡献测算与
       评价 ·· 092

4.4 "互联网+"对江西制造业转型升级的贡献测算结果与

  分析 ……………………………………………………… 102

第 5 章 "互联网+"对江西制造业转型升级贡献水平的提升路径分析

 ……………………………………………………………………… 108

 5.1 实现企业整体数字化转型 …………………………… 108

 5.2 推动制造业网络化建设 ……………………………… 115

 5.3 实现制造业智能化生产升级 ………………………… 119

 5.4 提升制造业绿色化水平 ……………………………… 124

第 6 章 结论与展望 ……………………………………………… 129

 6.1 研究结论 ……………………………………………… 129

 6.2 政策建议 ……………………………………………… 133

 6.3 不足之处与研究展望 ………………………………… 138

参考文献 ………………………………………………………… 140

后　记 …………………………………………………………… 162

第 1 章

PART ONE

导　论

1.1　研究背景与意义

1.1.1　研究背景

党的二十大报告指出，坚持把发展经济的着力点放在实体经济上，推进新型工业化，加快建设制造强国、质量强国、航天强国、交通强国、网络强国、数字中国。这一论断明确指出了我国制造业的发展方向及发展战略。我国经济进入新常态以来，以追求高速度为目标的发展模式已经不能适应经济新常态下制造业的发展，转型升级成为制造业发展的新要求。"互联网+"的出现为制造业转型升级提供了机遇，使制造业能够尽快实现新旧动能转换，完成去产能、降成本的目标，助力供给侧结构性改革。

首先，推动制造业转型升级已是国际共识。当前，新一轮科技革命和产业变革深入推进，直接推动了全球产业呈现颠覆性创新与延续性创新并存的态势，主要体现为"互联网+"等信息技术与制造业相互渗透、深度融合，正在掀起新一轮产业变革，对制造业发展产生重大而深远的影响。工业互联网发展与数字化转型的国际竞争日趋激烈，各国将制造业转型升级作为抢占新一轮发展制高点、把握时代主动权的关键抓手。美国利用信息技术的优势，推进工业互联网建设。全球制造业巨头通用电气公司（GE）提出的"工业互联网"，代表了美国以信息化推进产业转型升级的主流趋势：加快与先进制造业深度融合，促进制造业转型升级，向智能化方向前进。欧盟于2013年启动工业4.0战略，发布了《数字化治理白皮书》，制定了《数字化战略 2025》，将数字化转型作为制造业转型升级的驱动器。德国主要通过数字化基础建设、支持中小企业发展、推动智能网络化建设、加强数字化教育等措施实施制造业转型升级战略。日本制造业转型升级政策解读主要来自《汉诺威宣言》，通过重视机器人领域发展，联合创新搞物联网，聚焦人工智能、数据要素流通等领域发展，以优势突破撬动制造业升级转型。中国出台了推进制造业转型升级的《中国制造 2025》，提出了坚持"创新驱动、质量为先、绿色发展、结构优化、人才为本"的基本方针，以加快制造业转型升级，推动新旧动能转换。

其次，"互联网+"是推动制造业转型升级的重要动力。互联网具有打破信息不对称、降低交易成本、促进专业化分工和提升劳动生产率的特点。广泛推动互联网与制造业深度融合，可以全面提升制造业发展水平，加快制造业转型升级。美国版的工业 4.0 即"工业互联网"，将智能设备、人和数据连接起来，并以智能的方式利用这些交换的数据，以期打破技术壁垒，促进互联网与制造业"联姻"。德国为推动制造业转型升级，发布了关于实施工业 4.0 战略的建议，促进生产分散化转变、产品定制化转变及客户全程参与转变，这些都离不开互联网技术的发展。韩国于 2014 年正式推出了《制造业创新 3.0 战略》，为制造业转型升级明确了方向。该方案强调建设智能工厂，在企业层面利用互联网技术，共享知识和数据，提高各部门之间的效率。日本"互联网+"与制造业的融合主要基于人工智能产业的探索，强调制造业的智能制造，对制造业的转型升级有一定的带动作用。《中国制造业 2025》其实就是中国版的工业 4.0，可见"互联网+"无疑是推动中国制造业转型升级的动力。

再次，数字化发展是江西制造业转型升级的必由之路。作为一种新兴的产业形态，数字经济已经成为世界各国争夺的战略制高点，更是传统制造业转型升级的必由之路。目前，江西省高度重视数字经济的战略作用，将其列为"一号工程"。制造业是实体经济的"硬脊梁"，也是数字经济的"主战场"。推动新一代信息技术与制造业深度融合，有利于充分发挥信息技术赋能实体经济的重要作用，有利于加快制造业转型升级。虽然，新中国第一架飞机、第一辆柴油轮式拖拉机、第一辆军用三轮摩托车、第一枚海防导弹等都是在江西诞生的，但江西制造业企业现有数字化转型的基础仍较为薄弱，信息化建设基础较差，难以支撑企业业务快速发展；企业对数字化转型业务理解不够、创新不足，数字化转型效果受到一定影响。要促使制造业转型升级，必须加强平台建设，大力开展工业互联网产、学、研协同创新，催生一批数字化转型支撑技术与产品，开发一批数字化转型解决方案；加强人才保障，完善校企合作机制，立足江西实际，定向培养一批产业和企业急需的数字化人才。要构建数字生态，创优转型环境，推动基础设施更完善、政策支持更给力、安全防线更牢靠，加快构建多元、协同、开放、安全的数字生态，着力解决制造业转型升级的数字困境。

最后，智能制造已成为江西工业强省的主攻方向。加快发展智能制造是推动江西制造迈向高质量发展、形成竞争新优势的必由之路。江西制造业企业必须通过数字化转型提升产品创新与管理能力，提质增效，从而赢得竞争优势。但是江西大多数智能装备产品技术含量、附加值不够高，而且附加值较高的关键基础零部件、智能仪器仪表与控制系统等领域基础较为薄弱。优势企业多以组装和集成模式为主，关键核心部件仍需大量外购。在产品研发设计、系统集成、增值服务等方面发展缓慢，总体竞争力不强。与江西智能制造产业相关的高等教育、职业教育发展较为滞后，高端领军人才和高素质技能型人才比较缺乏。此外，智能制造产业属于资本密集型行业，在产品研发、检测、销售等方面需投入大量资金，且占用时间长，资金周转慢，因而一些资本对智能制造投资持谨慎态度。如何立足现有产业基础，着眼于市场竞争力提高，积极培育智能制造产业，牢牢把握智能制造发展的重大机遇，发展具有推广价值的技术与装备，加强重点行业和龙头企业智能制造示范与推广，对江西加快制造业转型升级具有重要意义。

1.1.2 研究意义

1. 理论价值

制造业转型升级一直是产业经济学研究的热点问题,本书丰富了产业经济学尤其是转型升级相关理论的研究与发展。在转型升级相关理论中,不同学者在不同时期均提出了不同的设想和观点,很多理论研究甚至跨越多个不同学科和领域,在丰富转型升级理论的同时,也充实了产业经济学的内涵。但具体在江西制造业转型升级贡献测度方面的研究尚处在初期探索和研究积累阶段,需要进一步发展和完善。本书是在已有研究的基础上,广泛吸收中外学者关于制造业转型升级贡献测度方面的研究成果,结合江西制造业转型升级的实际情况,从理论层面系统地分析了"互联网+"与制造业转型升级的背景、内涵及相关理论,构建贡献测度模型,深度分析贡献总量、区域测度,最终尝试性地探讨出切合江西实际情况的提升"互联网+"对制造业转型升级贡献的对策建议。

2. 现实意义

目前以云计算、大数据、物联网、移动互联网为代表的新一代信息技术正在向制造业加速渗透融合,工业云、工业互联网、智能设备逐步成为制造业发展新基础,个性化定制、服务型制造成为生产方式变革新趋势,融合创新、系统创新、迭代创新、大众创新等正在成为制造业转型升级的新动力。"互联网+"时代的到来,给制造业的发展带来了一些冲击,江西省委、省政府也力主倡导重振"江西制造"新辉煌。本书根据江西省实际,为政府和企业提出了一些可供操作的对策建议。因此,系统探究"互联网+"背景下制造业转型升级,对认识江西省制造业发展规律,全面把握其基本特征,探索符合江西省实际的制造业转型升级之路,重振"江西制造"新辉煌,实现江西省制造业健康有序发展及经济可持续、高质量、跨越式发展具有十分重要的意义。

1.2 相关文献综述

1.2.1 国外研究综述

1. 关于"互联网+"的概念研究

工业互联网和工业 4.0 概念的提出对西方发达国家的工业体系产生了巨大的影响。Isabel Castelo-Branco，Frederico Cruz-Jesus，Tiago Oliverira（2019）认为影响制造业最主要的两个因素是信息基础设施建设和大数据分析能力。[①]Manbin Wang 等（2007）曾经提出利用互联网信息技术对制造业的生产车间、机器设备进行实时监控，以便及时维护保养车间机器，延长设备使用寿命。这项技术实现了互联网和制造业的跨界融合，使工程师们能够通过远程终端设备随时掌握机器设备的使用情况并及时给予反馈，极大地提高了制造业的生产效率。[②]而对于互联网的概念，Katz 和 Rice（2002）提出，互联网能够提供一个信息交流平台，为消费者和生产商之间搭建一个桥梁，从而使生产商及时获取有效信息，能够有效改善信息不对称问题，推动社会经济发展。[③]工业互联网是指"大数据+物联网"，核心要素分别是分析人员、智能机器、数据高级处理，工业互联网通过利用嵌入传感器、大数据分析等先进的信息设备来实现人机相连。同样，GE 通用电气公司在报告中强调工业互联网就是大数据的分析，工业互联网正推动着美国工业更快速地向互联网的方向发展。

[①] Isabel Castelo-Branco, Frederico Cruz-Jesus, Tiago Oliverira.Assessing industry 4.0 readiness in manufacturing: evidence for the european union[J]. Computers in Industry, 2019, 107.

[②] Manbin Wang, Peter W Tse, Jay Lee. Remote machine maintenance system roughntnet and model communication[J]. The International Journal of Advance Manufacturing Technology, 2007(31): 783-789.

[③] 转引至宁家骏."互联网+"行动计划的实施背景、内涵及主要内容[J]. 电子政务，2015（6）: 31-38.

2. 关于"互联网+"的影响研究

在"互联网+"时代，市场已经从供给导向型发展成为需求导向型市场。Venables（2001）指出，互联网可以降低企业生产成本、企业组织管理成本，企业与上下游供应商之间、企业与消费者之间的搜寻匹配和交流成本、物流运输成本等。①Anderson 等（2004）认为互联网的发展能够有效降低抑制国际贸易的搜寻成本和交流成本，进而促进国际贸易活动。②Czernich 等（2011）研究发现，互联网对人均 GDP 增长具有显著促进作用，互联网普及率每提高 10%，人均 GDP 增长率提高 0.9%~1.5%。③Chusy（2013）研究发现，互联网渗透率提高 10%，人均 GDP 可以提高 0.57%~0.63%。④Jung（2014）认为"互联网+"环境下，互联网对落后地区的经济促进作用更加明显，互联网为要素禀赋不足、自然资源匮乏等落后地区经济发展提供了一种新的重要资源。⑤

3. 关于产业升级的相关研究

关于产业升级，自 Porter（1990）首次从要素禀赋升级的角度提出产业升级的概念以来，学界对产业升级的研究正式开始。Simon Smith Kuznets（1958）研究各国的经济发展时发现，随着 GDP 的提高，生产资源会从效率较低的产业流向效率较高的产业，进而实现产业的转型升级。学者们针对产业升级的路径、影响因素等纷纷提出了自己的见解，主要从全球价值链和产业结构两个角度进行研究。Holger Breinlich（2008）⑥研究发现，经

---

① Venables A. Geography and international inequalities: the impact of new technologies[J]. Journal of Industry, Competition and Trade. 2001, 1(2): 135-159.
② Anderson J, Wincoop E. Trade costs[J].Journal of Economic literature, 2004, 42(3): 691-751.
③ Czernich N, Falck O, Kretschmer T.Broadband infrastructure and economic growth[J]. The Economic Journal 2011, 121(552): 505-532.
④ Chusy. Internet, economicgrowth and recession[J]. Modern Economy. 2013, (4): 209-213.
⑤ Jung J. Regional inequalities in the impact of broadband on productivity: evidence from brazil[M]. Mprapaper, 2014.
⑥ Breinlich H. Trade liberalization and industrial restructuring through mergers and acquisitions[J]. Journal of international Economics, 2008, 76(2): 254-266.

济进入全球化时代，产业分工越发明确，多边贸易愈加强化，企业之间需要通过收购、重组、兼并等行为应对白热化竞争，因此企业必须通过资源整合，将生产效率低的部门合并入生产率较高的部门，调整产业结构，进而实现转型升级。Gereffig（1999）通过研究亚洲尤其是东亚地区服装产业的升级以及国际贸易网络的形成过程，从生产范围由小到大的角度提出了产业升级的 4 个层次，分别是企业层次、企业间的网络层次、本地或国家的经济层次以及区域层次。Pikas 等（2016）研究东南亚的一些发展中国家发现，近年来东南亚国家依托人力与自然资源等优势，相比于中国更具有低成本优势，因此，获得了更多发达国家及地区的青睐，导致中国被迫进行转型升级。[1] Hidalgo 等（2007）创造性地提出全球产品空间理论，从产业和能力视角研究了初始要素禀赋对产业升级路径的影响，并将其应用到产业升级路径和产业政策评估等方面。Jean（2014）研究各国新兴企业时发现，随着经济全球化进程的加快，国际竞争愈发激烈，企业需要通过提升自身创新能力，强化在某一行业的地位，实现自身的转型升级。[2] Hoffmann（1931）通过对产业革命 50 多年来的多个国家的时序数据进行分析，总结出用数字衡量工业化进程中产业升级规律的办法，提出著名的霍夫曼系数，用来测算产业升级对应的阶段。Chenery（1986）认为制造业产业升级就是从初级产品生产到工业化再到发达经济的过程，并提出制造业内部因存在着关联效应而导致各产业部门在长期经济发展过程中的结构转换。Porter（1990）揭示了，产业升级就是随着人力资本和物力资本占据资源禀赋的比重不断提高，国家在资本和技术密集型产业呈现出比较优势的现象。

4. 关于制造业智能化趋势研究

国外学者关于制造业的研究主要集中在智能制造、数控机床、人工智

---

[1] Pikas B Zhang, X Peek W A, Lee T. The Transformation and Upgrading of the Chinese Manufacturing Industry: Based on "German Industry 4.0"[J]. Journal of Applied Business and Economics. 2016, 18(5): 97-105.
[2] Jean R J. What makes export manufacturers pursue functional upgrading in an emerging market? a study of Chinese technology new ventures[J]. International Business Review, 2014, 23(4): 741-749.

能、无线传感器网络等方面。在智能研究方面涵盖了智能设计、智能生产、智能管理、智能制造服务等，研究较为成熟。Michel R.（2014）认为物联网技术对制造业的好处体现在 4 个方面：设备优化和能源效率、安全性、材料跟踪和制造的敏捷性以及生命周期产品可追溯性。Andrea Caputo 等（2016）认为信息技术加速了制造业智能化发展的进程，使制造业的生产过程更加高效。[①]Bone Stefan 等（2017）采用重力模型，使用面板和横截面回归证明互联网能够刺激制造业出口，互联网用户数量的增加能够减轻制造业出口差距的影响。互联网用户数量作为制造业的一个因素以及一个更密集的计算机信息系统，在全球制造业贸易活动中为出口增长提供了支持。Fei Qiao（2007）认为面向制造业的服务是一种最有前途的战略。互联网远程访问充分利用了现代信息技术和基础设施，创新客户服务模式，提高制造企业的竞争力；另外，建立可以在全球范围内通过互联网远程访问的试验系统，可以支持各种面向制造业务的应用，如远程监控、远程维护、远程文件管理，为先进制造业发展提供技术支持。

5. 关于制造业服务化转型的研究

国外学者在 20 世纪就对制造业服务化转型进行了深入研究，对其概念界定主要分为 3 种类型。

第一，制造业服务化是"包"的概念，是由 Vandermenwe 和 Rada 在 1988 年最早提出的，是指企业为满足顾客需求，在销售产品的同时附加为用户提供服务，即企业的销售是"产品-服务包"，它可以帮助企业建立与消费者联系的新关系。Robinson（2002）、Vanlooy 等（2003）也同样认为服务化是对产品和服务的整合，服务是制造企业增值的来源。Amiti 等（2009）认为制造业服务化投入的服务要素存在技术溢出效应，能够促进企

---

① Andrea Caputo, Giacomo Marzi, Massimiliano M Pellegrini. The internet of things in manufacturing innovation processes development and application of a conceptual framework [J]. Business Process Management Jiurnal, 2016(22): 383-402.

业创新人力资本积累，进而使制造企业的技术吸收和知识扩散能力提高。[1]

第二，制造业服务化是角色的转变。Arnold 等（2016）认为制造业服务化可以使制造业企业的服务种类增多、服务范围拓宽以及服务质量提升，从而对制造业企业绩效产生正向影响。[2] White（1999）、Reiskin 等（2000）提出了制造企业的服务化就是企业的角色由产品生产者向提供服务者动态转变的过程。

第三，从内外综合的角度对制造业服务化的概念进行界定。Szalavetz 等（2003）提出制造业服务化一方面是指与产品相关的外部服务，主要包括产品售后运输安装、维修、回收等，服务环节的比重提高；另一方面则是指与产品相关的内部服务效率对企业竞争力提升的重要性，主要包括融资、借贷、人才管理、构建组织体系等，内部服务的多元化、高效率、复杂性等特点将成为企业打造新的竞争力的着力点。此外，也有其他学者提出不同的观点，Ren 和 Gregory（2007）提出服务化是制造企业通过制定流程改善战略，在速度和效率上及时响应用户需求。T. S. Bainesetal（2009）认为服务化是企业在创新过程中体现出的能力，企业从产品转移到产品服务能力的影响系统，从而满足用户各种需求。

6. 关于制造业转型升级的路径研究

国外学者关于制造业转型升级的路径研究，主要聚焦于从信息化和网络化促进制造业发展的角度对制造业转型升级提出了相应对策。Campbell M.（2013）指出要通过提高制造业生产的数字化水平，加强产业间的联系，生产更加个性化和智能化的产品，从而促进制造业的转型升级。[3] Harmut F. 等（2014）指出"工业4.0"战略背景下，传统制造业要想适应现代社会的

---

[1] Mary Amiti, Shang-Jin Wei.Service off shoring and productivity: Evidence from the us [J]. John Wiley&sons, ltd, 2009, 32(2): 203-220.
[2] Arnold J M, Javorcik B S, Lipscombm.Services reform and manufacturing performance: evidence from India[J].The Economic Journal, 2016, 126(590): 1-39.
[3] Campbell M. Digitization is role in the transformation of manufacturing[J]. Design News, 2013, 68(9).

发展，实现转型升级，就需要在生产过程中加大对最新技术的使用，包括大数据、物联网等现代信息技术。[①]Natalia E.等（2021）以俄罗斯经济现代化为例进行研究发现，高度发达的国家具有通过科学技术和科技创新提高本国经济潜力的趋势。[②]要充分发挥网络化、智能化等现代技术的独特优势，提高制造业在生产过程中的生产效率。Micker（1998）基于系统复杂理论，提出先系统性地分析企业遇到的困境，再由企业决策层作出合理的决策，即从企业策略角度提出通过领导决策实现制造业转型升级方案的制定。Humphrey 和 Schmitz（2002）从外包模式角度出发，提出企业可以专注于高附加值的环境，把低附加值的环节进行外包，能够提高企业的盈利能力。Michael E.POrter（1998）提出产业升级不仅仅依靠企业自身，更重要的是依靠国家创造的良好环境和支持性的政策。Walter W. Powell（1991）通过实证研究提出，通过企业内部有效的组织管理可以提高企业盈利能力，实现制造业转型升级。Carrillo J.和 Hualde（2009）基于欧洲汽车工业的发展历程，分析处在价值链不同位置企业的盈利能力，进而提出产业转型升级的策略。

1.2.2　国内研究综述

1. 关于制造业转型升级面临的问题研究

现有研究主要分析了工业化与信息化融合（简称"两化融合"）、技术创新和生产性服务业发展的影响作用。王亚男（2011）强调工业化与信息化融合是实现制造业升级的关键，两化融合一方面可以提高制造业的竞争水平，另一方面可以进一步加强制造业与服务业的联系。[③]邵安菊（2017）

[①] Hartmut F, Binner.Industrie 4.0 bestimmt die arbeitswelt der zukunft[J]. Elektro technik and Information technik, 2014, 131(7): 230-236.

[②] Natalia E, Dotsenko Elena. The Neo-Industrial role of DIgital and converged technologies in the Russian economy[J]. SHS Web of Conferences, 2021, 93.

[③] 王亚男. 工业化与信息融合中我国制造业的机遇、挑战与发展[J]. 北京邮电大学学报，2011, 13（2）：75-82.

认为在制造业转型升级中互联网起到了巨大的推动作用，它能够使企业更加方便、快捷地整合用户需求，从而推动生产实现智能化和定制化。[①]肖斌、赖新峰（2015）分析了"互联网+"大背景下，中国制造业的现状及面临的困境，以及中国制造业的柔性化生产特征及新发展，指出中国制造业应该利用"互联网+"扎实推进信息技术应用和品牌战略实施；并且提出国家应该尽快出台制造业的具体实施细则，尽快出台"互联网+"的创新政策，以及加强互联网法治建设。童有好（2015）指出"互联网+"在与制造业的融合过程中存在一些难点，如传统工业化思维盛行、认识存在偏差、制造业核心竞争力不足、应用基础薄弱、无序竞争现象较为严重等；面对如此多的问题，需要积极推进"互联网+"与制造业融合发展，利用互联网思维，鼓励技术创新，稳步推进互联网与制造业的融合；"互联网+制造业"是一项系统工程，企业要充分发挥其主体地位和作用，政府要做好推动和引导工作，同时要发挥社会机构的支撑和服务作用，多管齐下。孔伟杰（2012）对中国制造业企业进行调查和分析，认为创新能力的提高是推动制造业转型升级的最重要因素，还提出我国制造业存在技术创新能力欠缺、技术转化和应用能力差的问题。[②]申明浩（2016）认为"互联网+"对传统制造业转型升级既是机遇又是挑战，面对"互联网+"，制造业在转型升级中面临以下几个关键问题：首先，要厘清互联网与制造业融合发展的认识误区；其次，要推进互联网与制造业的融合发展；最后，要培育互联网与制造业融合发展新方式。以互联网思维重构制造业价值链，推进产品个性化智能定制生产模式，从而构建完善的制造业产业链生态圈。

2. 关于制造业转型升级的影响因素研究

从制造业内部来看，大部分学者认为影响制造业转型升级的核心要素

[①] 邵安菊.互联网与制造业融合发展的几个关键问题[J].经济纵横，2017，374：80-83.
[②] 孔伟杰.制造业企业转型升级影响因素研究——基于浙江省制造业企业大样本问卷调查的实证研究[J].管理世界，2012（9）：120-131.

是技术创新、生产成本等。刘伟、蔡志洲（2008）实证分析发现，技术创新影响企业的生产效率和资源消耗，进而影响产业转型升级。[①]刘蕾、鄢章华（2016）从"零边际成本"的视角出发，对产业集群转型升级进行研究，首先，对我国传统制造业与服务业产业集聚进行分析，阐明了产业集群发展与升级的影响因素；其次，以信息、能源与制造成本为自变量，分析了"零边际成本"趋势，并且以"递弱代偿"规律分析了产业集群的发展趋势；最后，分析了"零边际成本"趋势对产业集群发展的影响，并且给出了"互联网+"背景下政府、企业应对产业集群新形势发展的建议与对策。王娟（2016）从"互联网+"与劳动生产率的关系角度，对中国制造业转型升级进行了研究，以世界银行对中国企业的调查数据为基础，对"互联网+"对企业劳动生产率的影响进行实证研究发现，"互联网+"对劳动生产率的影响显著，而产业和地区的稳健性检验表明，"互联网+"对劳动密集型产业劳动生产率的影响较小，对东部地区的影响较大，因而在制造业转型升级过程中，要积极推进"互联网+"，但是应该针对不同的行业和地区采取不同的模式及措施。汤杰新等（2016）从生产方式角度出发，探讨了离散制造业、批量流程制造业、半离散制造业分别与互联网融合的方式，介绍了美国、德国、韩国、日本在"互联网+制造业"方面的具体做法与政策措施，并且比较了2013年美国、德国、韩国、日本与中国在互联网基础设施方面的建设情况，最后总结并借鉴美国、德国、韩国、日本在"互联网+工业"方面的经验，提出了推动"互联网+"基础设施建设、不断完善体制机制、培育"互联网+制造业"创新示范点的建议。

3. 关于制造业服务化水平研究

制造业服务化能够促进产业升级，提升全要素生产率。吕越等（2017）实证研究发现，制造业服务化能够提升人力资本质量，完善产品研发体系，

[①] 刘伟，蔡志洲. 我国产业结构变动趋势及对经济增长的影响[J]. 经济纵横，2008（12）：64-70.

提高企业管理效率，进而使制造业全要素生产率提高；同时，由于投入服务的行业不同，不同所有制和贸易方式的企业的促进作用也不尽相同。[①]王岚（2020）进一步进行实证研究发现，制造业服务化水平必须要跨过门槛后，对全要素生产率才有明显的促进作用，即两者之间并非简单的线性关系，而是 U 形关系。[②]姜奇平（2015）指出"互联网+"将从 3 个方面（经济结构优化、业态结构优化、市场结构优化）产生结构转型的效应；中国将充分发挥网络空间对制造业的智能化提升作用，打造网络服务平台，加快实现向智能化、服务化方向的转型升级。童有好（2015）认为目前我国制造业转型升级面临服务化程度偏低的问题，亟待借助"互联网+"的契机拓展与互联网融合的深度与广度，以技术与服务为支撑，创新商业模式，提升附加值；要想实现"互联网+制造业服务化"的融合，就必须做到政府营造好的发展环境、社会做好支撑与服务、制造企业积极进行服务化转型。

4. 关于制造业的研究

魏明、王超（2015）以山西省制造业为研究对象，通过分析信息生态平衡、信息化建设与创新驱动之间的关系，探讨信息生态平衡支撑创新驱动的内在机理；依据技术水平、信息化水平及产品的不同科技含量，将陕西省的制造业划分为低水平、中水平与高水平行业，从信息生态视角出发，剖析不同产业转型升级过程中存在的信息生态失衡问题，并且提出了提高信息人能力、完善信息环境建设、加大信息服务业投入等陕西省制造业转型升级路径。李宏和刘玲琦（2019），陈凤兰和闫晓忠（2021）通过实证研究发现制造业服务化能够提升制造业出口产品质量，并且这种提升是通过制造业服务化提高技术创新水平来实现的，并且制造业服务化对出口产品质量的影响存在区域、所有制、技术属性以及行业异质性，同时还存在投

[①] 吕越，李小萌，吕云龙. 全球价值链中的制造业服务化与企业全要素生产率[J]. 南开经济研究，2017（3）：88-110.

[②] 王岚. 投入服务化是否提高了中国制造业全要素生产率[J]. 国际贸易问题，2020（2）：29-43.

入服务行业以及来源异质性。①阚凤云等（2016）选取经济合作与发展组织（OECD）投入产出数据库，从投入与产出的角度，测评了全球十大经济体互联网经济的规模，并构建了 Ghosh 供给约束模型，发现自 2000 年以来，发达国家互联网部门实体经济总的推动力呈上升趋势，主要集中在商务服务、金融、批发零售三大生产性服务业，但互联网与生产性服务业、公共管理、卫生等部门的融合需要进一步加强。李晓钟等（2017）在 SCP（Structure-conduct-performance，机构-行为-绩效）分析框架的基础上，构建了估算产业融合对产业绩效影响的模型，从横向和纵向两个方面分析了浙江省信息产业与制造业各行业的融合度，并分析得到其融合度呈上升趋势：产业融合度、国有企业占比和市场开放度与产业绩效呈正相关关系，但市场集中度与产业绩效的关系却截然相反。从不同阶段来看，2010—2012 年比 2005–2007 年产业融合度对产业绩效的正向作用更明显，在此基础上，提出了加强信息化基础设施建设、提高信息产业竞争力、推进"互联网+制造"计划、发挥产业集聚的优势、增强企业创新能力等建议，以期进一步提升产业融合对制造业产业绩效的促进作用。②

5. 关于"互联网+制造业"转型升级路径研究

随着制造业产业结构和需求结构的不断优化，制造业智能化、服务化、网络化发展成为近年来的研究热点。刘吉超和庞洋（2013），江小国和何建波（2020）认为制造业应以智能化为发展方向。③刘吉超认为可以利用信息化应用将生产和经营的管理流程进行全面改造，从而使制造业更加智能化。

---

① 李宏, 刘玲琦. 制造业服务化促进出口产品质量升级机制研究[J]. 山西大学学报, 2019, 42（6）: 103-114; 陈凤兰, 闫中晓. 制造业投入服务化和出口产品质量[J]. 福建论坛, 2020（1）: 61-75.

② 李晓钟, 陈涵乐, 张小蒂. 信息产业与制造业融合的绩效研究——基于浙江省的数据[J]. 中国软科学, 2017（1）: 22-30.

③ 刘吉超, 庞洋. 两化融合背景下制造业竞争力的提升路径[J]. 未来与发展, 2013（36）: 71-75; 江小国, 何建波. 从四个维度把握制造业高质量发展的推进路径[J]. 改革与战略, 2020, 36（11）: 73-82.

江小国认为实现制造业高质量发展，从生产组织方面看，要以智能化为发展方向；从产业提升方面看，要以产品高端化和产业融合化为发展方向。张世彬（2016）通过分析用户导向方式与用户导向实现路径，从转换互联网思维、柔性化组织结构、企业前后端重组、用户维护与培养4个方面进行制造业优化改进，从而实现"互联网+工业"。吴阳芬（2016）从我国制造业转型升级的迫切性与互联网融合发展的必然性出发，总结了"互联网+制造业=制造业转型升级"的作用机理，分析了"互联网+"时代中国制造业转型升级的生产模式、营销模式、组织管理体系创新路径，并提出了在"互联网+"时代，政府要发挥引导、推动、支持作用，企业要以创新、提高质量为核心的政策建议。张伯旭、李辉（2017）通过把握"互联网+"的主要内涵，揭示"互联网+"与制造业融合的机制，得出"互联网+"时代给中国制造企业生产运营、组织结构与竞争绩效的影响；并借鉴国外利用"互联网+"改造制造业的模式和经验分析，进一步探索"互联网+"改造制造业的结合点和发展路径；最后针对目前制造业企业在实施"互联网+"的过程中面临的制度性、技术性与认知性问题，提出了相关的政策与建议。

6. 关于"互联网+"对制造业转型升级推动作用研究

现有研究主要分析了通过技术创新、智能化和信息化以及人力资本投入来推动制造业转型升级的现实路径。江静、徐慧雄（2016）分析了技术改造对制造业转型升级的作用机制，提出通过技术改造和不断研发新技术来促进制造业企业实现转型升级。[1]余东华（2020）通过对中国制造业发展过程中的制约因素的分析，提出要创新驱动制造业发展，进一步加强制造业与数字经济的联系，在制造业生产中优化投入要素，从而使制造业在价值链中的地位得到提升。[2]王喜文（2015）认为"互联网+工业"将进一步

---

[1] 江静，徐慧雄，王宇. 以大规模技术改造促进中国实体经济振兴[J]. 现代经济探讨，2017（6）：9-15.

[2] 余东华. 制造业高质量发展的内涵、路径与动力机制[J]. 产业经济评论，2020（1）：13-32.

引领我国制造业向"智能化"转型升级,赋予国家产业竞争的新内涵,改变了原来的"微笑曲线"发展模式,开创了全新的共享经济;"互联网+工业"改变了传统意义上的价值创造与分配模式,制造业企业将不再自上而下地控制生产,不再从事单独的设计与研发、生产与制造、营销与服务,相反,从顾客需求到付诸生产其中的整个环节都通过互联网连接在一起,确保最终产品能满足客户的特定需要。蔡银寅(2016)认为互联网是制造业的一个技术要素,并且具有很强的内生性,在信息获取平等的"互联网+"时代,互联网营销使产业链结构发生重构,研发生产设计网络化将原来的线性竞争转化为现在的弧形竞争,比较优势不再局限于原来的含义,其内涵更加丰富,给中国制造业转型升级带来了新的机遇与挑战。杜传忠等(2016)研究发现,"互联网+"对制造业的转型升级有极大的推动作用,主要从 4 个方面影响我国制造业的转型升级:首先,在生产方式上,推动制造业大规模个性化定制;其次,在商业模式上,以平台创新传统原材料采购方式,形成线上线下市场营销新模式;再次,在价值链方面,优化制造业价值链结构、提升运行效率以及促进各环节融合发展;最后,在管理方式方面,更新传统制造企业管理理念,形成制造企业扁平化管理组织。

1.2.3 文献研究述评

在"互联网+"上升到国家战略层面的大背景下,中国的制造企业将加速转型升级,借助互联网由劳动密集型向附加值更高的中高端制造产业跃升。目前,国内外学者对"互联网+"与制造业转型升级从不同视角给予了学术关注,进行了较多具有学术价值和现实意义的研究,提出了可参考与借鉴的解决方案和政策建议,但仍有一些问题值得深入研究和探讨。

从总体研究上看,国内外学者对"互联网+制造业"的研究集中于理论方法层面,如"互联网+制造业"的重要性与难点,"互联网+制造业"的发展现状,"互联网+制造业"的方法、策略以及路径等。对于"互联网+"对制造业转型升级的实证研究相对较少,特别是对于"互联网+"对制造业转型升级贡献测度的研究更少，关于"互联网+"对江西制造业转型升级贡献测度与提升对策的研究少之又少。因此，在今后对本领域的研究中，可以从实证研究角度对"互联网+"对制造业转型升级进行研究，从而更加充实本领域的研究。

从理论支撑上看，国内外学者关注"互联网+"对制造业转型升级相应的产业经济学理论基础、一般规律、动力来源与作用机理等问题的研究还不是很多，因此给我们留下了很大的探索空间，从产业经济学角度对"互联网+"与江西制造业转型升级进行研究的更是少见。前辈学者对制造业升级发展的研究较多，但由于制造业升级是一个复杂的课题，现有研究多从某个角度予以梳理，也可能对研究的问题产生割裂效应，较难了解"互联网+"对制造业转型升级的全面影响。关于"互联网+"对制造业转型升级，已有学者分别从产业结构等方向展开了实证研究，但未见系统地进行规范分析。

从研究视角上看，较少有学者从实证分析角度和比较分析角度对"互联网+"与制造业转型升级进行研究，也较少有学者以"互联网+"为视角，从规范分析与实证分析两方面研究制造业转型发展。前辈学者有关制造业转型发展较多从技术创新视角或者两化融合视角进行研究，随着新工业革命的到来，也有学者从"互联网+"视角或者"互联网+制造业"视角研究制造业转型升级问题，但结合实证维度和比较维度，从规范分析与实证分析两方面进行制造业转型升级机理及路径的研究相对较少。

从研究内容上看，"互联网+"对制造业转型升级贡献测度与提升对策研究还很薄弱，对江西制造业转型升级贡献测度与提升策略研究更为薄弱。学者多以创新驱动制造业升级为研究内容，对"互联网+"是否促进制造业转型升级的进一步发展路径等问题仍未予以作答。随着"互联网+"的进一步发展，需要对"互联网+"影响制造业转型升级的理论基础、作用机理、贡献测度以及提升对策等方面展开进一步的研究和拓展，对于促进江西"互联网+"发展以及制造业转型升级均有裨益。

从实证研究上看,"互联网+"促进制造业转型升级的实证研究有待加强。已有文献对信息技术或者是"互联网+"技术与制造业转型升级展开研究,为本书的研究奠定了基础。但已有研究在以下两方面至少还需要进一步深入:一是已有文献在指标选取方法上出现过雷同现象,采取"互联网+"指标以及互联网普及率与电信固定资产投资的乘积来表示,对于"互联网+"指标的建立还需要进一步拓展。二是笔者认为"互联网+"与制造业转型升级之间存在双向影响关系,即"互联网+"对制造业转型升级存在影响,同时制造业转型升级的过程也会促进"互联网+"水平的提高。这意味着"互联网+"对制造业转型升级的影响存在着互为因果的内生性,但是已有文献均忽略了"互联网+"与制造业转型升级的内生性关系,应当予以进一步研究。

综上所述,本书在已有研究的基础上,通过"互联网+"对江西制造业转型升级的贡献测度,纵向比较江西与全国不同省份的贡献率情况,同时计算江西市级制造业转型升级的贡献率,以及细分行业的贡献率,并提出提升"互联网+"对江西制造业转型升级贡献的对策,从而对已有研究进行补充和拓展。

1.3 研究内容、研究思路与技术路线

1.3.1 研究内容

当前中国正处于工业化发展的关键时期,制造业亟待转型升级,制造业发展面临着前所未有的机遇和挑战。"互联网+制造业"转型升级是实现制造强国的必然选择,互联网与《中国制造 2025》的融合已经成为我国制造业实现转型升级的必由之路。那么,"互联网+"对江西制造业转型升级究竟有多大贡献?在全国处于什么水平?"互联网+"对江西市级制造业转型升级贡献如何?对江西制造业细分行业转型升级贡献如何?这是本研究所关注的核心问题。基于此,本书的主要内容设计如下:

1. "互联网+"与制造业转型升级的理论基础

制造业是我国经济各行各业发展的基石,也是我国工业化转型升级的重要内容和现代化建设的必备条件。"互联网+"正在成为提升传统产业创新效率的重要动力,并驱动以新技术、新模式、新产业、新业态为代表的新经济快速发展。本部分主要从理论角度阐释"互联网+"的背景意义、概念内涵和本质特征。具体研究内容包括:①"互联网+"的相关概念;②制造业转型升级的相关概念;③"互联网+"与制造业转型升级的相关理论。

2. "互联网+"对江西制造业转型升级贡献测度指标体系构建

本部分以江西省为研究样本,首先简单介绍了目前学界关于"互联网+"对制造业转型升级贡献测度的3类主要方法(包括贡献测度常规方法、投入产出分析法、DEA数据包络法),并在此基础上,依据贡献测度流程,构建了"互联网+"对江西制造业转型升级贡献测度指标体系,为后文的测度分析提供了基础。具体研究内容包括:①"互联网+"对江西制造业转型升级贡献测度指标体系构建原则;②"互联网+"对江西制造业转型升级贡献测度指标选取步骤及内容;③"互联网+"对江西制造业转型升级贡献测度指标体系构建;④"互联网+"对江西制造业转型升级贡献测度方法。

3. "互联网+"对江西制造业转型升级的贡献测度与分析

本部分在"互联网+"对江西制造业转型升级贡献测度指标体系构建的基础上,从全国省级、全省市级、细分行业3个维度进行测算与评价,分析贡献总量测度、贡献区域测度和贡献行业测度,得出评价结果。具体研究内容包括:①"互联网+"对全国省级制造业转型升级的贡献测度;②"互联网+"对江西市级制造业转型升级的贡献测度;③"互联网+"对全国制造业细分行业转型升级的贡献测度;④"互联网+"对江西制造业细分行业转型升级的贡献测度。

4. "互联网+"对江西制造业转型升级贡献的提升路径分析

本部分以江西省为研究样本,主要从理论角度构建适应"互联网+"时代需要的江西制造业转型升级贡献方案。具体研究内容包括：① 提升互联网基础设施建设能力，实现智能制造；② 促进制造业企业的"互联网+"，推动两化融合发展；③ 加强核心技术攻关，实现制造业高质量发展。

5. 进一步提升"互联网+"对江西制造业转型升级贡献的政策建议

为抢占"互联网+"促进制造业转型升级的制高点，发达国家纷纷制定了一系列有利于深化互联网在制造业领域应用的规划和意见，采取了许多扶持制造业转型升级的重大政策措施，以推动互联网与制造业的深度融合。我国于2016年5月和2017年11月发布《关于深化制造业与互联网融合发展的指导意见》《关于深化"互联网+先进制造业"发展工业互联网的指导意见》，进一步明确了"互联网+制造业"的战略地位和主要任务，为制造业的互联网转型升级提供了强有力的政策保障。基于此，在对江西制造业转型升级支持政策的供给状况及其效应进行评估的基础上，以系统性的思维和方法，从政府、企业、用户、社会4个层面研究提出"互联网+"促进制造业转型升级的政策建议。

1.3.2 研究思路

本书通过对国内外相关文献进行梳理和分析，总结归纳出"互联网+"与制造业转型升级的相关理论，将研究重点放在"互联网+"对江西制造业转型升级贡献测度指标体系构建和贡献测度与分析两个方面。在贡献测度指标体系构建方面，研究了"互联网+"对江西制造业转型升级的贡献测度方法、指标选取和指标体系构建。在贡献测度与分析方面，分析了"互联网+"对全国省级制造业转型升级的贡献测度，江西市级制造业转型升级的贡献测度，以及江西制造业细分行业转型升级的贡献测度。综合分析结果，结合"互联网+"对江西制造业转型升级研究的国内外成功经验，尝试性地提出提升"互联网+"对江西制造业转型升级贡献的路径选择。从政府、企业、用户、社会4个层面入手，研究提出进一步提升"互联网+"对江西制造业转型升级贡献的政策建议，以期为有关部门制定促进制造业转型升级的专项规划和具体政策提供参考依据。

1.3.3 技术路线

本书在回顾国内外研究现状、界定"互联网+"与制造业转型升级的内涵特征、梳理国内外"互联网+"与制造业转型升级研究动态与趋势的基础上，引入索洛余值法、数据包络分析法、层次分析法和灰色关联度分析法等综合评价方法，并确定指标选取、研究变量与研究假设，构建"互联网+"对江西制造业转型升级贡献测度指标体系。同时，结合指标体系构建框架，计算各指标权重，测算"互联网+"对全国省级制造业转型升级的贡献、江西市级制造业转型升级的贡献、全国制造业细分行业转型升级的贡献、江西制造业细分行业转型升级的贡献。在此基础上，结合比较分析和产业经济学理论，对"互联网+"对江西制造业转型升级贡献的提升路径进行全面分析，深入剖析"互联网+"促进制造业转型升级的机理。并从政府、企业、用户、社会4个层面，提出进一步推动"互联网+"促进江西制造业转型升级的政策建议。本书的技术路线如图1-1所示。

1.4 研究方法、重难点与创新点

1.4.1 研究方法

1. 文献分析与实地调研相结合的方法

对"互联网+"、制造业转型升级等方面的经典文献和最新文献进行梳理与分析，把握国内外相关理论及研究现状，为阐释"互联网+"对江西制造业转型升级的真实贡献状况及其提升路径奠定理论基础。同时，通过搜集国家统计局、江西统计局、江西11个地级市统计局数据，整理得到"互联网+"对制造业转型升级的样本数据，并通过现场考察、深度访谈等实地调研方法获取"互联网+"与江西制造业转型升级的第一手数据。

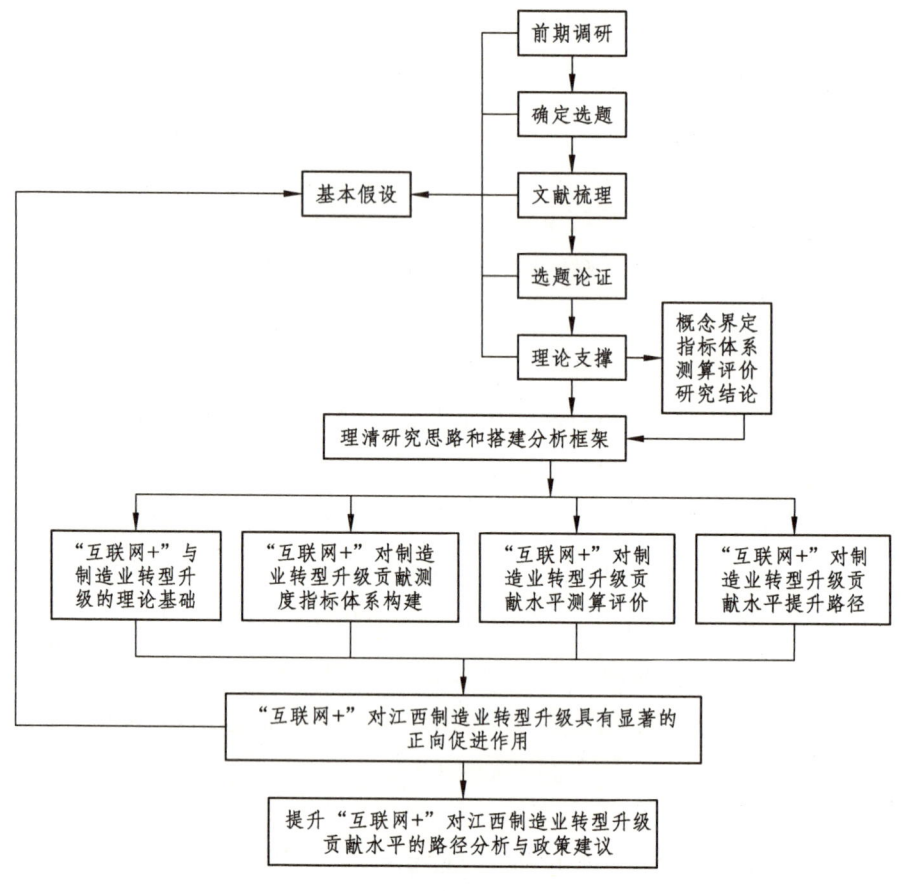

图 1-1　研究的技术路线

2. 数理推导与计量分析相结合的方法

采用层次分析法和灰色关联度分析法，对"互联网+"对江西制造业转型升级的贡献进行测算与评价，通过剔除随机误差项的影响，更为准确地考察"互联网+"对江西制造业转型升级的真实贡献状况，同时运用统计学、产业经济学的基本理论和方法，评价"互联网+"对江西制造业转型升级的贡献率。运用数理推导与计量分析相结合的方法，可以有效地增强研究的说服力和可信度。

3. 理论分析与实证分析相结合的方法

一方面，以转型升级理论为基础，遵循产业经济学研究的内在逻辑和基本范式，对"互联网+"对江西制造业转型升级贡献及提升进行理论分析；另一方面，以计量经济学为依据，对"互联网+"对江西制造业转型升级贡献及影响进行实证分析。

4. 定性分析与定量分析相结合的方法

定性分析是对研究对象进行归纳和演绎、分析与综合以及抽象与概括，达到认识事物本质、揭示内在规律的目的。定量分析通过对数量的变化进行抽象分析，以便更加科学地揭示事物之间的联系。本书在对"互联网+"对江西制造业转型升级进行贡献测度分析的基础上，结合江西制造业转型升级的影响因素，提出以高度化和合理化为标准的转型升级战略设想，进而得出结论并提出相应的对策建议。

1.4.2　研究的重难点

制造业是技术创新的土壤和载体。制造业大而不强的问题长期存在，制造业发展受到资源环境、劳动力成本的约束日益突出，如何以创新驱动制造业发展的问题变得更加急迫。信息网络技术的快速发展又在加速改变制造业的核心资源和基础，进而重塑制造业的竞争格局。如何更好地把握信息网络技术发展形成的机会窗口，加快推动制造业转型升级，成为未来促进新经济发展的重大议题。本书通过对国内外相关文献进行梳理和分析，归纳总结出"互联网+"与制造业转型升级的相关理论，将研究的重点放在"互联网+"对江西制造业转型升级的贡献测度指标体系构建和贡献测度与分析等两大方面。研究的难点在于如何运用综合评价的方法对"互联网+"对江西制造业转型升级贡献进行评价分析，得出江西制造业集约化、高度化和合理化转型升级影响的评价结果。

1.4.3　可能的创新点

1. 研究视角创新

本书从贡献测度来研究"互联网+"对江西制造业转型升级是一个全新的视角。目前评价指标体系中较少涉及"互联网+"对全国省级制造业转型升级的贡献测度，关于江西制造业转型升级贡献的研究更少，本书编制构建的指标体系可丰富制造业转型升级测度评价指标体系的框架结构，是一项具有创新意义的开拓性工作。

2. 研究观点创新

本书明确界定了制造业"转型升级"的内涵，将转型定义为制造业发展方式的转变，以集约化水平进行衡量，并构建了全国省级制造业产业集约化水平测度指标体系。将升级定义为制造业产业结构的调整，以高度化和合理化水平进行衡量，并选择了合适的测度方法，对测算出的结果进行比较分析。

3. 研究路径创新

本书尝试用综合评价的方法来研究"互联网+"对江西制造业转型升级的贡献，对搜集整理的各指标数据进行处理。首先，对数据进行无量纲化处理；其次，对通过层次分析法得出的权重值和经过无量纲化处理而得的评价值做加权乘法运算，得到最后的测算结果；最后，将江西省与全国不同省份制造业转型升级的情况进行比较分析，提出提升"互联网+"对江西制造业转型升级贡献水平的路径选择。

第 2 章

PART TWO

"互联网+"与制造业转型升级的理论基础

2.1 "互联网+"相关概念

2.1.1 "互联网+"的背景

"互联网+"是近年来频繁出现的热门词语,也是互联网时代社会发展的产物。"互联网+"最开始是指将互联网与传统产业相结合,促进传统产业优化升级的新经济形态。随着互联网在社会各领域的深入发展,"互联网+"代表了一种全新的发展形态,已经不仅仅指经济领域的变化。具体而言,"互联网+"是指互联网的发展成果与经济社会各领域深度融合,"推动技术进步、提升效率和组织变革",从而"形成更广泛的以互联网为基础设施和创新要素的经济社会发展新形态"。

国内关于"互联网+"的概念,可追溯到 2007 年,张荣寰提出了"互联网+"的理念。但那时在中国,互联网不过是一个冲浪工具而已,时机还不够成熟,而这个理念也仅仅是在互联网以及科技圈里小范围地传播一下而已。但在 2015 年被写入政府工作报告之前,"互联网+"已经在神州大地上进行得如火如荼。在第三产业中,"互联网+"模式实际上已经得到全面应用,比如:电商的京东模式和淘宝模式,都有大批传统第三产业参与;网上银行也是以实体银行业为基础的;滴滴出行也正在改变传统交通业;大批融合传统媒体的新媒体也正在兴起;还有几乎席卷整个服务业的 O2O 模式。

中国的很多名词都是从国外引进的,但是"互联网+"这个词却具有中国特色。美国没有"互联网+"的确切提法。美国信息化的过程，就是各行各业的企业以及消费者在使用电脑。对于他们来讲，"互联网+"其实就是信息的进一步延伸，将内部的数字化进一步与外部打通，联系在一起。但是如果追本溯源，"互联网+"可以追溯到 21 世纪初美国电子商务学界提出的"鼠标加水泥"。

2001 年，美国互联网泡沫破灭，使过去只靠一个想法、一个域名加几个程序员就去吸引风险投资成立创业公司的方式发生了改变。很多人将注意力更多地转向依托于实体产业的互联网模式，这种模式被麦肯锡公司称之为"鼠标加水泥"模式。这一模式是指依托传统产业进行生产，通过电子邮件、门户网站甚至文件传输协议等渠道进行采购、分销和管理。这其实就是"互联网+"的雏形。

其实"互联网+"这个词最早是易观国际董事长于扬在 2012 年 11 月易观第五届移动互联网博览会上提出来的，他认为"互联网+"是互联网对传统行业的渗透和改变。在未来，"互联网+"公式是我们所在的行业目前的产品和服务，是未来看到的多屏全网跨平台用户场景结合之后产生的一个化学公式。"互联网+"的"+"，并不是简单数字意义上的相加，而是一种化学模式。供需的本质不变，只不过是利用互联网这种方式去实现，去把一些低效率的点打通，继而创造价值，这是一个价值再造的过程。

于扬是国内最早具有"互联网+"意识的人，其所创建的易观国际集团已经成为中国经济互联网化的转换器和加速器。早在 2007 年，易观国际就提出了"互联网化"和它的 4 个层次：第一个是营销的互联网化。比如广告主从在报纸上做广告发展到网络上做广告。第二个是渠道的互联网化。最大推手是 2008 年开始的全球金融危机。最典型的案例是京东的出现，倒逼国美和苏宁开始转战互联网。第三个是产品的互联网化。这一进程从 2010 年就开始了，其最大推手是智能手机的爆发，典型案例如小米。第四个是运营的互联网化。这一层次的互联网化当下正在进行，目标是实现企业完全数字化和网络化。

伴随着创新驱动新常态的提出，也有专家认为，所谓"互联网+"，实际上是创新2.0下的互联网发展新形态、新业态，是知识社会创新2.0推动下的互联网形态演进。"互联网+"不仅在于互联网改造了传统行业，更会同无所不在的云计算、大数据，造就无所不在的创新。创新又反过来作用于新一代信息技术形态的形成与发展，并进一步推动知识社会以用户创新、开放创新、大众创新、协同创新为特点的创新2.0，改变了我们的生产、工作、生活方式，也引领着创新驱动发展的"新常态"。

2015年3月的全国两会上，马化腾提交了题为"关于以'互联网+'为驱动，推进中国经济社会创新发展的建议"的议案，表达了对经济社会创新的建议和看法。他呼吁，持续以"互联网+"为驱动，鼓励产业创新，促进跨界融合，惠及社会民生，推动中国经济和社会的创新发展。马化腾认为，"互联网+"是指利用互联网的平台、信息通信技术把互联网和包括传统行业在内的各行各业结合起来，从而在新领域创造一种新生态。他希望这种生态战略能够被国家采纳，成为国家战略。

2015年3月5日召开的第十二届全国人大第三次会议上，"互联网+"行动计划在政府工作报告中首次被提出。《2015年中央政府工作报告》中明确指出："制定互联网+行动计划，推动移动互联网、云计算、大数据、物联网等与现代制造业结合，促进电子商务、工业互联网和互联网金融健康发展，引导互联网企业拓展国际市场。"

2015年7月初，国务院印发《关于积极推进"互联网+"行动的指导意见》。这是推动互联网由消费领域向生产领域拓展，加速提升产业发展水平，增强各行业创新能力，构筑经济社会发展新优势和新动能的重要举措。通俗地说，"互联网+"就是互联网+各个传统行业，但这并不是简单地将两者相加，而是利用信息通信技术以及互联网平台，让互联网与传统行业进行深度融合，创造新的发展生态。这相当于给传统行业加一对"互联网"的翅膀，然后以此助力传统行业。例如互联网金融，金融与互联网的结合，诞生了很多普通用户触手可及的理财投资产品，如余额宝、理财通以及P2P

投融资产品等。例如互联网医疗，在传统的医疗机构接入互联网平台，使人们在线求医问药成为可能。这些都是最典型的"互联网+"案例。

2.1.2 "互联网+"的内涵

党中央、国务院高度重视互联网融合发展，习近平总书记指出，现在人类已经进入互联网时代这样一个历史阶段，这是一个世界潮流，而且这个互联网时代对人类的生活、生产、生产力的发展都具有很大的进步推动作用。[1]李克强总理在 2015 年全国人大政府工作报告中明确提出，要制定"互联网+"行动计划。李克强总理还多次强调，"互联网+"具有广阔的前景和无限的潜力，对提升产业乃至国家综合竞争力将发挥关键作用。[2]

目前世界各国都非常重视互联网行业的发展。"互联网+"的实践极大地改变了经济社会发展的面貌，然而关于"互联网+"的深刻内涵，学术界众说纷纭，国内外并没有统一的定义。马化腾解释说，"互联网+"就是利用互联网的平台，利用信息通信技术，把互联网和包括传统行业在内的各行各业结合起来，在新的领域创造一种新的生态。马云认为，所谓"互联网+"就是指，以互联网为主的一整套信息技术，包括移动互联网、云计算、大数据技术等在经济、社会生活各部门的扩散应用过程。李彦宏指出，"互联网+"计划，是互联网和其他传统产业的一种结合模式。近几年，随着中国互联网网民人数的增加，互联网渗透率已经接近 50%，尤其是移动互联网的兴起，使互联网在其他产业中能够产生越来越大的影响力。我们能看到，过去一两年互联网与很多产业一旦结合，就会有意想不到的收获，尤其是在 O2O（线上到线下）领域。雷军认为，"互联网+"就是用互联网的技术手段和互联网的思维与实体经济相结合，促进实体经济转型、增值、提效。还有人提出，"互联网+"指互联网作为一种先进生产力，通过和线

---

[1] 习近平. 纵论互联网[N]. 人民日报海外版，2015-12-16.
[2] 郭庚茂. 打好推进"互联网+"行动的总体战[N]. 河南日报，2015-08-04.

下融合互动，促进传统产业和传统消费转型升级的同时，助力国家实现提升综合国力的长远目标。

综上，"互联网+"是指以互联网为主的一整套信息技术，包括移动互联网、云计算、大数据技术等在经济、社会生活各部门的扩散应用过程。简言之，"互联网+"是以互联网平台为基础，利用信息通信技术与各行业的跨界融合，推动产业转型升级，并不断创造出新产品、新业务与新模式，构建连接一切的新生态。互联网作为一种通用目的技术，和一百年前的电力技术，两百年前的蒸汽机技术一样，将对人类经济社会产生巨大、深远而广泛的影响。

从"互联网+"的概念中可以提炼出它的4个基本要素：一是技术基础，即构建在现代信息通信上的互联网平台；二是实现路径，即互联网平台与传统产业的各种跨界融合；三是表现形式，即各种跨界融合的结果呈现为产品，其业务模式不断迭代出新；四是"互联网+"的最终形态，即一个由产品、业务、模式构成的、动态的、自我进化的、连接一切的新生态。4个要素形成一种自然的递进关系，在技术基础之上，依循跨界融合的实现路径，融入互联网基因的新产品、业务、模式不断演进，最终达到"互联网+"在微观上连接一切，在中观上产业变革，在宏观上经济转型的动态平衡。

2.1.3 "互联网+"的本质

对于"互联网+"的本质，不同的人有不同的理解。陈禹安认为传统商业模式受制于其所立足的时空秩序，即时空约束、时空枯竭、时空闲置。"互联网+"通过不断地突破时空的约束而达成对旧有时空的消解，并在这一消解过程中重构新的时空运行秩序。[①]吴晓求认为"互联网+"最基础的功能是对信息的整合，实现了信息流在时间和空间上的整合，进而对已有产业

---

① 陈禹安. 互联网思想的本质[M]. 北京：东方出版社，2014：34-35.

进行重构。①金永生认为所谓"互联网+",是指以互联网特别是移动互联网为主的一整套信息技术在政治、经济、社会生活各部门的扩散与应用,并不断释放出数据流动性的过程。②

从上述观点可以看出,"互联网+"更多的在于通过信息技术来消解时空。马化腾认为,互联网本身是一种技术工具,是一种传输管道,因而更多地认为"互联网+"是一种能力,是因为"+"而激活的"信息能源"。"互联网+"战略就是利用互联网平台,利用信息通信技术,把互联网和包括传统行业在内的各行各业结合起来,在新的领域创造一种新的生态。姜海东认为"互联网+"的本质是数据的流动,而数据就是能源。因此,要理解"互联网+"的本质,首先要了解"互联网+"的核心生产要素是数据资源。人类社会的各项活动都与数据的创造、传输和使用直接相关。随着移动互联网的发展,数据量呈爆炸式增长,数据处理能力快速提高,海量数据的积累与交换、分析与运用极大地促进了生产效率的提高,数据成为独立的生产要素,带动了生产方式和经济发展模式的深刻转型。

"互联网+"的第一个本质就是数据驱动,"互联网+"的魅力在于对海量数据资源的挖掘和运用,突出表现为"云计算+大数据"。传统经济增长理论认为经济增长主要取决于资本和劳动力。随着技术的进步,有学者提出技术进步内生增长模型,把经济增长建立在内生技术进步上。而"互联网+"的出现进一步改变了经济增长的要素。由于数据具有即时性、共享性和边际生产力递增性,即数据生成实时在线,处理速度快,使用过程中非但没有被消耗,还会产生新的数据。在生产要素层面,数据投入大量替代物质投入,数据技术与其他技术一起驱动经济强劲增长。"互联网+"借助云计算、大数据、物联网等配套技术的嵌入,在行业间产生反馈、互动与协调,最终出现大量化学反应式的融合与创新,倒逼一个个传统产业的互联网化、在线化、数据化,从而使"互联网+"蓬勃发展。

---

① 吴晓求. 互联网金融:成长的逻辑[J]. 财贸经济,2015(2):5-15.
② 转引至翟振刚."互联网+"本质的理论模型[J]. 中国高新区,2016(4):141-144.

"互联网+"的第二个本质在于链接。链接产生了两个影响：一个是用户主导，另一个是产业协同。"互联网+"使用户与用户链接，用户与企业链接，企业与企业链接，从而打破了时空秩序。传统产业有个弊端，就是信息不对称。传统产业往往借助广告厂商垄断内容生产和内容传播，消费者因被动接受而往往处于比较弱势的地位。"互联网+"使用户与用户链接，用户与企业链接，企业与企业链接，"链接"消除了消费者在传统媒体时代的信息不对称，使用户与企业的关系发生了变化，地位发生了反转。企业单向主导的营销模式已难以立足，用户宁愿相信那些陌生人的评论，也不愿理会企业狂轰滥炸的广告。[1]市场逐渐形成了以消费者为中心的客户主导模式。传统的价值链中以供给为导向的商业模式正在逐渐走向消亡，以需求为导向的互联网商业模式和价值创造正在出现并不断创新。同时，互联网汇聚分散的个性化需求，既降低了企业之间的协作成本，也降低了企业与消费者之间、消费者与消费者之间的协作成本，使互联网和电子商务可以更容易地汇集、分类、呈现零散的个性化需求，实现与企业的有效对接。企业可以实现供应链上的互联网化，逐步实现产业协同。跨界协作成为商业新常态，"互联网+"将金融、医疗、征信、法律、教育、娱乐等看似毫不相干的各类产业服务，通过互联网技术和理念结合在一起。可以预见，在不久的将来，智能手机不再局限于信息交流和支持交易，还将逐渐成为医疗保健、理财服务、征信信息、法律顾问、教育、娱乐等行为的中心。社群逐渐成为企业的异质性资源，替代技术研发作为企业的主要隔绝机制。

综上，"互联网+"的本质是传统产业的在线化、数据化。网络零售、在线批发、跨境电商、滴滴打车、淘宝网店所做的工作分享都是努力实现交易的在线化。只有商品、人和交易行为迁移到互联网上，才能实现在线化；只有在线才能形成活动的数据，随时被调用和挖掘。在线化的数据流动性最强，不会像以往一样仅仅封闭在某个部门或企业内部，随时可以在

---

[1] 杨学成. 互联网思维的本质是链接[J]. 经理人，2015（2）：22-24.

产业上下游，所以协作主体之间能以最低的成本流动和交换。数据要素要在线化流动，必须要通过互联网平台迁移，所以数据只有流动起来，其价值才能最大限度地发挥出来。

2.1.4 "互联网+"的影响

"互联网+"虽为新生事物，但影响是全方位的，不仅是技术性的、渠道性的，而且是机制性的、体制性的。除此之外，这种影响速度和程度超乎人们的想象。就像十几年前，当网购兴起时，很多人认为其难以撼动实体店，但是其后的影响程度和发展速度却远远超出预料。类似地，当新型支付方式取代传统的支付市场，很多人同样认为这难以撼动传统金融的优势，但实际情况却超出预期。总的来说，"互联网+"对产业的影响主要体现在以下 3 个方面：一是对传统产业的创造性破坏；二是倒逼传统产业改革；三是产业下游出现新的创业潮。

1. 对传统产业的创造性破坏

毫无疑问，每次工业革命或科技革命促进社会进步的同时，都可能导致旧产业衰亡。著名经济学家熊彼特曾在 20 世纪中叶提出了经典的"创造性破坏"理论。创造性破坏理论指出：每一次的萧条都包括一次技术革新的可能。这句话也可以反过来陈述为：技术革新的结果便是可预期的下一次萧条。每一次大规模的创新都会淘汰旧的技术和生产体系，并建立起新的生产体系。"互联网+"深刻地展现了"创造性破坏"，对传统产业造成巨大冲击，使旧的生产体系瓦解或被迫并入"互联网+"的大潮，从而建立新的生产体系。最先受到冲击的是以电视、报纸、杂志、广播为代表的传统媒介。新闻资讯类商业网站的兴起以摧枯拉朽之势改变了传统媒体的进程，其后互动娱乐行业也受到冲击。而第三波冲击最为强烈，更多地发生在电商领域，诞生了阿里巴巴、亚马逊、京东、聚美优品、当当网等电子商务网站。

2. 倒逼传统产业改革

顾名思义，即"互联网+"倒逼"+互联网"。在"互联网+"被正式写入政府工作报告之前，对互联网+传统行业模式的探索与尝试已经在各传统行业展开，互联网+金融、互联网+教育、互联网+医疗、互联网+制造等领域都已经有不同程度的发展。但是，传统企业的体制问题根深蒂固，因而"互联网+"的探求变革转型往往举步维艰。"互联网+"的渗透和植入不得不倒逼传统企业转型。"互联网+"的过程也是传统产业转型升级的过程，也即"逆向"互联网化的过程。从企业价值链层面看，表现为一个个环节的互联网化：从消费者在线开始，到广告营销、零售，到批发和分销，再到生产制造，一直追溯到上游的原材料和生产装备。从产业层面看，表现为一个个产业的互联网化：从广告传媒业、零售业，到批发市场，再到生产制造和原材料。从另一个角度观察，"互联网+"是从 C 端到 B 端，从小 B 到大 B 的过程，产业越来越重。[①]在这个过程中，作为生产性服务业的物流、金融业也跟着出现互联网化的趋势。

在"互联网"逆向倒逼的过程中，各个环节互联网化的比重也是依次递减的。最先被互联网带动的是消费者；其次是零售环节的互联网化；再往上是批发和分销环节的互联网化。这里也包括传统的 B2B 网站纷纷由信息平台向交易平台转型，推动在线批发，以及传统企业大量开展的网站分销业务。再往上倒逼就是生产制造环节，主要表现在两个方面：一是个性化需求倒逼生产制造柔性化加速，如大规模个性化定制；二是需求端，零售端与制造业的在线紧密连接。这导致传统制造业也出现在线化、数据化的趋势。

"互联网+"对传统产业不是颠覆，而是换代升级。在零售、电子商务等领域，都可以看到与互联网的结合，正如马化腾所言，"它是对传统行业的升级换代，而不是颠覆掉传统行业"。在其中，又可以看到"特别是移动

[①] 阿里研究院. "互联网+"研究报告[OL]. [2015-03-24]. http://www.sohu.com/a/7723459_106510.

互联网对原有的传统行业起到了很大的升级换代的作用"。

3. 产业下游出现新的创业潮

"互联网+"往往跟"大众创业、万众创新"联系在一起，互联网化意味着商业模式的改变，往往能够催生出很多创业者及创业公司。因为在"互联网+"的框架下，不必依赖大规模的固定投入就可以形成以市场需求为导向的生产供给，大大降低创业门槛，使在产业下游的各个细分领域兴起创业潮，典型的例子就是O2O。李克强总理在2015年全国人大政府工作报告中提到"把以互联网为载体，线上线下互动的新兴消费搞得红红火火"。这是线上线下O2O这一概念首次被官方提及，这不仅代表政府鼓励O2O这一消费模式，更预示着未来O2O创业的大好环境。同时，"互联网+"也给O2O行业发展带来了前所未有的契机，上门快递、上门送餐、上门家政、上门核酸、滴滴打车等各种O2O模式如雨后春笋般层出不穷。加上资本的催化，用户出现了井喷式增长，使用频率和忠诚度开始上升，出现了"互联网+"的创业潮。随着移动互联网的加速发展，"互联网+"推动新兴产业地位升级。大数据、云计算、物联网等新技术更快融入传统产业，包括金融、理财、打车等民生领域以及家电等传统制造业等。PC互联网时代升级到移动互联网时代，互联网技术与两化融合相结合将会催生新一轮的创业潮。

2.2 制造业转型升级相关概念

2.2.1 制造业的内涵、分类及特征

1. 制造业的内涵

制造是把资源转化成产品的过程，包括从原材料采购到产成品生产、销售的全过程。物质经物理变化或者化学变化后成为新的产品，不论是动力机械制造还是手工制作，也不论产品是批发还是零售，均视为制造。制造是人类适应自然、改造自然的基本活动。

制造业是指将制造资源，包括物料、能源、设备、工具、资金、技术、信息和人力等要素，按照市场要求，通过制造过程转化为可供人们使用和利用的大型工具、工业品与生活消费产品的行业。制造业是指为了满足市场需求，对可利用的制造资源进行加工或者再加工，以及对零部件进行装配的工业的总称。制造业作为经过人类劳动生产的产品，作为劳动对象的工业体系，是一个有着高投入与高产出特性的复杂体系。制造业直接体现了一个国家与地区的生产力发展水平，是区别发展中国家或地区与发达国家或地区的重要因素。

由于全球资源和能源急剧减少，环境不断恶化，当前传统制造业面临着前所未有的压力。加强设备自动化改造，提高生产自动化程度，减小劳动强度，改善作业环境，已经成为现代制造业的普遍共识。现代制造业具备制造智能化和制造与服务密切融合等优势。一是制造智能化。智能化是集信息技术、系统控制技术、电子技术、光电子技术、通信技术、传感技术、软件技术和专家系统等于一体，实现扩展或替代脑力劳动为目的的高层次的控制技术，是实现数字化工厂的重要技术基础。二是制造与服务的密切融合。制造业包括产品制造、设计、原料采购、仓储运输、订单处理、批发经营、零售以及在主要从事产品制造的企业中，为产品销售而进行的机械与设备的组装与安装活动。现代制造业包括市场、加工、采购、仓储以及运输等产业链各个环节的整体协调活动。产业链中存在大量的上下游供应需求关系，供需交换的基础是价值交换，上游环节向下游环节输送产品或服务，下游环节向上游环节反馈信息。同时，产业链各环节又具有较强的黏性，由此聚集众多企业，形成产业集群。产业链上下游的关联及各个环节的聚集使产业链能够纵横延伸，向上游延伸使产业链进入基于市场调研的技术研发环节，向下游拓展则进入市场拓展环节。产业链的实质是产业链不同环节企业之间，同一企业基本活动和辅助性活动之间价值创造、价值传递和价值实现的过程。国内外实例显示，产业集群的发展是提高产业链整体竞争力的有效途径。

2. 制造业的分类

根据中华人民共和国国家标准《国民经济行业分类》(GB/T4754—2017),制造业属于C类,包括31个行业,具体如表2-1所示。

表2-1 中国制造业行业名称及其编码

实际编码	行业名称	实际编码	行业名称
13	农副食品加工业	29	橡胶和塑料制品业
14	食品制造业	30	非金属矿物制品业
15	酒、饮料和精制茶制造业	31	黑色金属冶炼及压延加工业
16	烟草制品业	32	有色金属冶炼及压延加工业
17	纺织业	33	金属制品业
18	纺织服装、服饰业	34	通用设备制造业
19	皮革、毛皮、羽毛及其制品和制鞋业	35	专用设备制造业
20	木材加工和木、竹、藤、棕、草制品业	36	汽车制造业
21	家具制造业	37	铁路、船舶、航空航天和其他运输设备制造业
22	造纸和纸制品业	38	电气机械和器材制造业
23	印刷和记录媒介复制业	39	计算机、通信和其他电子设备制造业
24	文教、工美、体育和娱乐用品制造业	40	仪器仪表制造业
25	石油、煤炭及其他燃料加工业	41	其他制造业
26	化学原料和化学制品制造业	42	废弃资源综合利用业
27	医药制造业	43	金属制品、机械和设备修理业
28	化学纤维制造业		

制造业是一个复杂而庞大的产业群，可以从不同角度进行分类，具体如表 2-2 所示。

表 2-2 基于不同角度的制造业类别划分

划分标准	类别
加工深度	资源加工业、轻工纺织工业和机械电子工业
产品类型（用途）	资本品制造业和消费品制造业
制造业的性质	原材料工业、加工工业（加工制造业）
生产中不同生产要素的密集程度	劳动密集型、资本密集型、技术密集型制造业
应用技术水平	传统制造业和现代制造业
产业链所属阶段	低端制造业、中端制造业和高端制造业
其他划分	装备制造业和其他制造业

3. 制造业的特征

制造业主要有系统性、产业关联性、凸显知识性等特征。

（1）系统性。人力、物力及财力等生产要素的生产、供给及销售始终贯穿于现代制造业产品的整个生产过程。为应对激烈的市场竞争和多变的市场需求，制造业系统运用资本、土地、技术、劳动力等生产要素，最终形成一个完整的有机系统，包含市场需求识别、开发设计、加工制造、包装、运输、使用等传统环节；同时，随着绿色产品的兴起，制造业系统还延伸到使用维护直至回收处置各个阶段。

（2）产业关联性。制造业作为工业的主体，其产业结构复杂，行业门类众多，产业关联紧密。尤其是在生产过程中，由于技术同源与工艺衔接所产生的内在关联性，制造业的发展对其他产业的发展有巨大的推动作用。特别是制造业中的装备制造业不仅涉及重大的成套的技术设备的生产，还涉及电子和机械零配件加工等配套作业，其通过为其他行业等领域提供技术设备，对产业的发展起到带动作用；同时随着其自身的发展也产生新的需求，进而带动相关产业的升级。

（3）凸显知识性。在制造业的生产过程中，知识性特征体现在以下两个方面：第一，如果将知识本身视为一种产品，在制造业生产过程中，必然伴随着知识的投入与产出。在知识经济时代，知识的投入与产出在制造业生产过程中形成了互相促进的良性循环。第二，间接的知识投入与产出，知识以某种属性依附于企业所提供的产品或服务之中。从原材料、劳动力的投入到生产出产品这一过程中，都存在知识的作用。由制造业知识特征分析模型可知，运用知识可以提高制造业的劳动生产率和制造业的经济效益。由此可知，制造业特别是现代制造业中，知识要素对其发展至关重要。

2.2.2　制造业转型升级的内涵及目标

1. 制造业转型升级的内涵

目前学术界对转型升级内涵的研究多集中在产业领域，多从转型升级整体层面和转型、升级两个具体层面对其内涵进行界定，而对制造业转型升级的内涵缺乏明确的定义。一些学者从转型和升级两个层面对产业转型升级的内涵进行阐释。范正伟提出转型就是将产业由粗放型发展向集约型发展转变，侧重产业发展方式的转变；升级是指将产业的层次不断提高，使产业由低层次阶段向高层次阶段发展，使产业内部实现高加工度化。[1]郭新宝认为转型的过程就是发展方式和生产要素投入转变，要转变依靠人力资源和投资推动产业发展的方式，更多地依靠创新和品牌；升级是指将生产由产业链的低端逐步提升到产业链的高端。[2]田小燕、冯新星认为产业转型就是在产业发展的过程中对其进行根本性变革，而产业升级是指产业从低级向高级实现变迁。[3]

---

[1] 范正伟. 从速度中国向幸福中国转向[N]. 中国高新技术产业导报，2011-3-28（A3）.

[2] 郭新宝. 中国制造业转型升级的发展特征研究[J]. 矿山机械，2014，42（6）：1-4.

[3] 田小燕，冯新星. 产业转型与升级文献综述[J]. 企业文化旬刊，2016（2）：20-21.

另一部分学者则从转型升级这一整体角度对产业转型升级的内涵进行阐释。蒋兴明从整体层面来研究产业转型升级，认为产业转型升级体现为产业在 4 个方面得到发展，包括创新链、产业链、价值链的提升和生产要素投入的高端化，而在这一过程中要着重提高创新能力。[1]胡迟认为制造业在转型升级过程中不仅要达到制造业的全面发展，又要实现与其他产业的协调，而自身的全面发展要通过产业结构的优化来实现。[2]季良玉认为制造业在转型升级过程中要不断调整产业结构和发展方式，使制造业的结构更加高度化和合理化。[3]张其仔、李蕾认为制造业转型升级的过程是制造业整体发展水平不断提升的过程，需要企业通过发展模式的转变、生产效率的提高和产业内结构的调整来实现。[4]兰筱琳、黄茂兴提出制造业转型升级就是推动制造业实现提质增效，通过借助"互联网+"的作用，推动制造业向智能化和服务化发展。[5]刘海军、李晴认为制造业的转型升级包含制造业在价值链、产业链和供应链多方面的转型升级。[6]

本书在对已有研究成果进行梳理的基础上认为，制造业转型升级是产业发展方式的转变和产业结构的调整，即制造业发展趋向集约化以及制造业产业结构趋向高度化和合理化的过程，并将制造业转型升级的内涵界定为：制造业转型升级就是推动制造业整体向高质量发展，可以从推动制造业向智能化、网络化、服务化和绿色化发展 4 个方面来阐释。具体内容表现为：在驱动方式上向更多地依靠创新发展，在生产经营模式上向与互联

---

[1] 蒋兴明. 产业转型升级内涵路径研究[J]. 经济问题探索，2014（12）：43-49.
[2] 胡迟."十二五"时期制造业转型升级成效分析与对策[J]. 经济纵横，2015（6）：14-19.
[3] 季良玉. 技术创新影响中国制造业转型升级的路径研究[D]. 南京：东南大学，2016.
[4] 张其仔，李蕾. 制造业转型升级与地区经济增长[J]. 经济与管理研究，2017，38（2）：97-111.
[5] 兰筱琳，黄茂兴. 工业 4.0 背景下中国制造业转型升级的现实条件与发展策略[J]. 中国矿业大学学报，2018，84（5）：49-61.
[6] 刘海军，李晴. 新基建加速制造业转型升级[J]. 当代经济管理，2020，42（9）：26-31.

网紧密融合发展，在经营理念上向提高服务质量发展，在资源利用方式上向节能减排发展。

2. 制造业转型升级的目标

制造业产业链包括产品、设计、原料采购、仓储运输、订单处理、生产制造、批发经营和终端零售等环节。在产业链全球分工中，制造业由于缺乏核心技术、缺乏自主品牌、缺乏自己的营销渠道和服务管理体系，尽管产业已达到一定规模，仍然是大而不强，企业更多的是从事低端的附加价值少的加工生产活动，在产业分工中话语权不充分。因此，制造业必须尽快实现从国际分工低端向中高端转变，从接受既定规则向更多地主动参与制定规则转变，从量的扩张向质的提升转变。为实现上述目标，制造业需要尽快利用先进技术，优化产业发展结构，节能清洁生产，朝着制造高新技术化和制造服务化的目标发展。

制造高新技术化指制造业必须采用大量先进前沿的信息技术、生物技术、新材料技术、新能源技术等，以衍生出新的高新技术产业；同时，在生产过程中采用纳米制造技术、仿生制造技术、信息制造技术、信息管理技术，自动化单元技术、虚拟制造技术、清洁生产制造技术等促进传统制造业的升级换代，向先进制造业转化。

制造服务化指制造业在市场调查、研发设计、企业内部管理、售后服务、用户反馈、流通领域和生产辅助性服务等价值创造及实现过程中，大量采用信息技术、现代管理技术和方法，如管理信息系统、决策支持系统、电子数据处理系统、办公自动化系统等，以及现代管理理念，如运筹学思想、行为科学理论、人本管理、环保理念等，以形成新的生产经营模式和商业服务模式。这种制造与高技术及服务相融合的新的产业业态，在向客户提供所需产品的同时，还提供依托产品及产品生产的各类服务或整体解决方案。

2.2.3 制造业转型升级的动力机制

制造业转型升级的内生动力是基于内生经济增长理论来分析的。经济增长研究的内生化历程发端于哈罗德-多玛模型，在索洛、斯旺、拉姆齐、卢卡斯、罗默格、里斯曼、赫尔普曼、阿格因、豪伊特等人的学术贡献下，内生经济增长理论迅速发展。总体上看，内生增长理论的核心在于将经济增长的源泉由外生转化为内生，将经济增长看作是经济系统内部力量作用的产物，通过对干中学、知识溢出、人力资本、研究与开发（R&D）、报酬递增、垄断竞争等新问题的研究，以克服物质资本投资收益递减规律的假定，这正是 AK 模型的做法。但 AK 模型同新古典增长模型一样，并没有深入研究经济增长的内在机制。大部分内生增长模型是围绕技术进步或知识积累的内在机制展开的，并以此克服资本收益随资本存量的增加而下降的趋势。

不同时期的内生增长理论存在着相应的缺陷，如阿罗模型、拓展的 AK 模型等只是强调了知识的外部性，并没有区分资本积累和技术进步。在罗默模型、赫尔普曼-特拉腾伯格模型（GH 模型）及阿格因-豪伊特模型（AH 模型）中，一个共同点是通过设立专门的研究和开发技术的部门，以此来说明生产率的变化。但罗默模型并没有引入知识的过时效应，只是强调了产品创新的重要性；GH 模型忽视了厂商从事有成本的模仿活动的刺激，而且行业领先者不从事研究创新的假定也与现实不符。卢卡斯模型中的人力资本很难测度，而且基本没有涉及两部门内生经济增长模型的动态性质。

内生增长理论的意义在于：一方面说明了经济增长的动力来源及作用机制；另一方面则提供了对经济增长趋同性的不同解释。这里仅就前者做进一步分析，主要包括以下 4 个机制：

（1）阿罗的资本投资外部性"干中学"机制，即阿罗模型提供的经济增长动力来源为"干中学"中形成的经验或知识积累，并依靠资本投资的外部性而产生学习效应，使经济具有收益递增的特点。

（2）卢卡斯的人力资本外部性机制，即卢卡斯模型将人力资本积累看作是经济增长的基础，人力资本的变化率就是技术的进步率，人力资本的外部性使生产具有递增收益。人力资本存量和人力资本增量与产出之间存在同向变动关系，进而形成人力资本与产出之间的正向关系环。

（3）罗默的"知识积累-产品多样化"机制，即罗默模型与阿罗模型相比，更强调了知识被主动生产出来的特点，知识的生产与投入的人力资本有关，知识生产的边际生产率也就是新中间品种类随知识的累积而递增，进而形成了经济的长期增长。

（4）GH、AH 的"知识累积-产品质量阶梯"机制，即 GH、AH 模型将系列部门中产品质量更新取决于跟随者对研究与开发（R&D）的投入，每次成功的创新会提高生产率，但创新成功者只能在一个期间内获取垄断租金。当新技术得以实现时，租金就会被其他创新者获得。

上述 4 种机制也反映了制造业转型升级的内生动力，归纳起来有两类：一类是将技术进步或知识累积看作资本投资或人力资本投资外部性的结果；另一类是将技术进步或知识累积视作企业进行有意识的研究与开发（R&D）投资的结果。显然，外部性结果是一种基于要素驱动或投资驱动下的动力机制结果，而有意识的研究与开发（R&D）投资结果是一种基于创新驱动下的动力机制结果。

2.2.4　制造业转型升级的影响因素

从马克思主义政治经济学视角看，制造业转型升级的本质是生产力与生产关系对立统一的矛盾运动过程，剩余价值的获取、竞争、科技创新、产业协调、生产关系等深刻影响着制造业发展。从经济增长视角看，制造业转型升级是一个经济系统作用的产物，通过创新来克服物质资本投资递减是制造业发展的内生动力。基于上述认识，本书进一步认为，制造业转型升级的影响因素可以从需求和供给两方面进行分析。需求方面，市场需求是制造业企业提供多样化、高质量商品的动力来源。供给方面，制造业企业能否生产出与需求相匹配的产品，则取决于要素投入、技术创新、产业协调等因素。具体分析如下：

1. 市场需求

市场需求是产业转型升级的动力源泉，其作用机理主要在于从人均收入、不完全竞争市场、空间异质性、可持续发展理念等方面逐步推进产业转型升级。其中，人均收入的作用在于普遍性地调节消费者的需求，并随着收入的提高使消费需求得以不断升级，进而倒逼企业进行技术创新和产品创新；不完全竞争市场的作用在于借助竞争机制和手段来推进企业技术进步，推动市场细分进程，增加盈利空间；空间异质性的存在形成和强化了需求、生产的个性化、特色化特征，也促进了生产者的差异性并为竞争创造了条件；可持续发展理念不仅影响消费者的消费理念和心理，也约束了企业一些传统损害资源与环境的技术进步方向，并促使企业朝着环境友好、资源可再生的产业技术方向发展。

2. 要素投入

产出过程是一个要素投入的过程，因此要素投入是产业发展的基础，更是产业转型升级的基础。其作用机理在于通过要素投入量的增加以及要素配置效率的提高来推进产业转型升级。要素投入量的增加即通过加大劳动、资本、土地等资源要素的投入来增加产量；要素配置效率主要通过技术创新、信息化、人力资本、知识、现代金融等提高要素生产率来增加产量，这种变化也可称作要素升级。从经济增长理论看，要素投入量的增加并不能完全决定产出的增长，因为索洛剩余就是劳动和资本所不能解释的部分。因此，推进产业转型升级，需要通过要素升级来提高要素生产率进而增加产量。

3. 技术创新

技术经济范式理论显示历次产业革命都是技术革命的结果，因此产业转型升级是以技术创新为基本特征的。首先，技术创新是企业生产中最为核心的要素，也是影响经济活动的各个要素中效率最高的要素，生产要素升级有赖于包括技术创新在内的创新要素投入，而且通过技术创新可以引起生产要素在产业间的流动和转移，优化要素资源配置，促进生产方式变革。其次，技术成果转化可以将新产品、新工艺、新服务等引入市场，促进产品升级、工艺升级和链条升级，提高产业核心竞争力。最后，一定类型的技术进步通过经济系统的影响使产业结构发生变迁，高附加值的新兴产业得以兴起，促进产业高端化发展，进而推动产业整体转型升级。

4. 产业协调

制造业转型升级是一个经济系统协调发展的过程，涉及生产、分配、交换、消费等物质生产活动的各个环节，因此，产业协调是制造业转型升级的重要保障和途径。一般认为，生产性服务业是生产过程中通过市场化模式向制造业提供中介服务的产业，可见，生产性服务业和制造业的关系非常紧密。生产性服务业推动制造业转型升级的作用机理主要包括以下两个方面：一是从中间投入的视角看，随着社会分工的深化以及日益激烈的市场竞争，大量的生产性服务企业承担着运输、融资、研发、售后服务等生产者角色，并以更为专业化和更为低廉的交易成本等优势实现制造企业的一些业务"外包"，进而使制造企业更加专注自身的核心业务。这样，产业间的协调发展促进了制造行业产业链水平的提高，而且还能有效促进制造业绿色转型。这是因为在推动产业绿色转型的过程中，不仅要在生产环节节能降耗，减排治污，而且生产资料甚至包括生活资料，从储运、销售到消费环节，直到产品报废回收，全生命周期都应绿色低碳。从这个意义上讲，制造业转型升级不仅是制造企业自己的事情，而且需要全产业链的协调发展。二是从产业的视角看，在以美国为代表的一些发达国家，不少制造业企业已经开展了业务转型，它们从低端生产制造环节向研发、营销等高附加值环节转变，提供的产品不再是单纯的有形产品，而是一个高价值的服务包。

2.3 "互联网+"与制造业转型升级相关理论

2.3.1 产业转型理论

产业转型主要表现为增长方式的转变，因而产业转型理论主要包括产业增长方式理论，具体表现为经济增长方式理论。该理论主要研究一国经济增长的因素是什么，以及这些因素是如何推动经济增长的。由于一国的经济是由若干产业组成的，所以这些理论对于研究产业（包括制造业）的增长方式同样具有理论价值。尽管古典经济增长理论已包含创新对经济增长有促进作用的思想，但尚未将其纳入总生产函数中。随着现实的发展和研究的深入，技术创新在经济增长中的重要作用日益凸显，其中以大数据、物联网、云计算等为代表的现代化手段应用于产业发展中，已经进入主流经济学家的视野。

1. 哈罗德-多玛模型

该模型是 20 世纪 40 年代由罗伊·哈罗德和艾弗塞·多玛提出的，其基本观点是资本投入是经济增长的主要因素，储蓄则是资本的来源。该理论的产生极大地推动了经济增长理论的发展，但是模型中将技术进步视为外生变量，将其视为保持不变的假设受到后来者的质疑。

2. 新古典经济增长理论

20 世纪 50—60 年代，索洛、斯旺和米德等在修正、补充哈罗德-多玛模型的基础上提出了"新古典经济增长模型"，在模型中引入了技术进步和时间因素，强调了技术进步对于经济增长所起的作用。索洛在《对经济增长理论的一个贡献》中研究得出，劳动、资本和技术进步对经济增长均有贡献。1957 年他在《技术进步与总生产函数》一文中推算出 1909—1949 年美国制造业总产出约 88%归因于技术进步，技术进步是经济增长的主要动力。这些研究突破了"资本积累是经济增长的决定性因素"的传统观点，证明了技术进步对于经济发展的重要性和关键性。

3. 新经济增长理论

罗默和卢卡斯等在舒尔茨的人力资本投资理论的基础上,将技术变化作为内生因素引入经济增长模型,形成了"新经济增长理论"。该模型认为知识外溢和干中学、研发或是劳动分工和专业化等带来的技术进步是内生的,在理论上说明了知识积累和技术进步是经济长期增长的重要原因。

这些经济增长理论无不强调信息技术,包括现代技术创新在经济增长中的重要作用。后续研究者在实证研究时充分考虑了一省或产业发展中技术创新所扮演的重要角色。

2.3.2 产业结构理论

产业结构理论是研究产业之间比例关系的经济理论,它通过产业结构的历史、现状及未来的研究,寻找产业结构发展变化的一般趋势,为规划未来的产业结构提供理论依据。17世纪英国经济学家威廉·配第在其著作《政治算术》中指出:制造业比农业,进而商业比制造业能够得到更多的收入。例如,在大部分人口从事制造业的荷兰,人均国民收入比欧洲其他国家要高得多。按照他的推导,产业间的相对收入差异,促使劳动力向能获得更高收入的产业部门转移。克拉克通过分析若干国家在一定时间序列中所发生的变化,来探讨产业结构的演变规律。克拉克首先使用劳动力这一指标来分析其在各产业中的分布状况的变化,采用三次产业的分类法,搜集整理了若干个行业的资料,分析了劳动力在三次产业之间移动的趋势,印证了威廉·配第的理论观点。同时,该结论不仅在一个国家经济发展的时间序列分析中得到印证,还可以从处于不同发展水平的国家在同一时点上的横断面比较中得到类似的结论。美国经济学家库兹涅茨在克拉克研究的基础上进一步收集和整理了20多个国家的庞大数据,甚至把一些国家的统计资料追溯到19世纪初,把产业结构演变规律的研究深入三次产业所实现的国民收入的比例关系及其变化上,从而将产业结构演变动因的分析推进了一大步。德国学者霍夫曼在其代表作《工业化的阶段与类型》中依据

20个国家的时间序列数据，着重分析制造业中消费资料工业和资本资料工业的净产值之比，即所谓"霍夫曼比例"，根据这一比例进行测算，便得出"霍夫曼定量"：在工业化的进程中，霍夫曼比例是不断下降的。钱纳里利用第二次世界大战后发展中国家，特别是其中9个准工业化国家（地区）1960—1980年的资料，建立了多国模型并提出了标准产业结构。他根据人均国内生产总值，将不发达经济到成熟工业经济的整个变化过程划分为3个阶段6个时期，认为从任何一个发展阶段向更高一个阶段的跃进都是通过产业结构转化来推动的。其他一些经济学家也对产业结构问题做了深入的研究，如里昂惕夫在对美国经济结构进行研究时，建立了投入产出分析体系，以分析经济体系的结构与各部门生产中的关系。

上述研究为理解产业结构的演进提供了多种视角，同时从许多发达国家和新兴工业化国家的实践来看，产业结构是同经济发展相对应而不断变动的，表现为产业结构由低级向高级演进的高度化和产业结构横向演变的合理化，并且在高度化和合理化过程中展示出一定的规律性。

一般来说，产业结构可以定义为资源在产业之间配置的构成及其关联性。而产业结构理论的研究主题则包括两类：一类是产业结构在一定时期内的均衡状况以及实现均衡的条件；另一类是伴随着经济发展而出现的产业结构的演变规律及其原因。

我国产业结构理论研究有较大影响力的是两大部类分类法和三次产业分类法。两大部类分类法就是把物质生产领域的活动划分为生产生产资料的部门和生产消费资料的部门，前者为第一部类，后者为第二部类。三次产业分类法就是把全部经济活动划分为3个部分，分别为第一产业、第二产业和第三产业。除了以上两种分类之外，比较常见的还有基础产业与加工产业分类法，以及资源集约分类法等。

改革开放以来，我国产业结构研究的一个主要内容是考察经济发展过程中产业结构演变的特点及规律，这种研究任务规定了产业结构研究的长期分析性质。这方面比较有代表性的成果有郭克莎和王延中的《中国产业结构变动趋势及政策研究》、殷醒民的《制造业结构的转型与经济发展》等著作。郭克莎在《中国：改革中的经济增长和结构变动》中，曾将产业投入结构与产业结构结合起来分析，拓宽了系统分析产业结构变动趋势的空间。

产业结构理论认为，工业化进程大体上要经过3个层次的转换：一是从第一次产业中释放出大量劳动力；二是向重工业推进，为原材料工业发展提供资金；三是为使工业结构向高加工度化转化，开发与取得先进技术。具体来讲，在工业化初期，轻工业特别是纺织工业在工业结构中居于重要地位。在这一时期，劳动力在工业资源结构中处于重要地位。在重工业化阶段时期，资金因素更为重要。再进一步发展，工业结构向高加工度化发展，技术又取代资金成为工业资源结构中的重要角色。

产业结构调整及优化理论是产业结构理论的重要组成部分。首先是雁行形态理论，又被称为产业结构的候鸟效益。日本学者赤松以后进国家为考察对象，提出一国的产业发展要融入国际市场，使产业结构国际化。他认为，某一产业伴随着产业转移在不同国家会历经进口—国内大量生产—出口的过程。具体过程为：发达国家先发展某一产业，当技术成熟，生产要素也产生变化时，该国此产业的竞争力较弱。然后会向其他落后国家产业转移，该国产业结构则升级到另一个新的层次，承接产业的落后国家则开始发展此产业，呈现出有先后次序的发展。其次是筱原两基准理论。筱原三代平提出规划产业结构的两个基本准则，包括"收入弹性基准"和"生产率上升基准"，同时满足两基准的产业为战略产业。收入弹性基准是指将收入弹性高的产业作为优先发展产业。这是因为这类产业具有广阔的市场，可以为其提供成长的空间。生产率上升基准是指选择优先发展生产率上升快、技术进步率高的产业作为受保护的产业，提高其在整个产业结构中的比重。最后是主导产业选择理论。赫希曼在《经济发展战略》中分析了拉丁美洲国家的发展经验，探讨了制定国民经济计划是否应优先、重点发展某些部门，提出了"关联效应"（包括前、后向关联效应）理论和"最有效次序"理论。与库兹涅茨不同，罗斯托则从部门的角度出发，强调产业结构变化对经济总量增长的作用，提出了主导产业扩散效应理论。他把经济部门分解为主导增长部门即主导部门、辅助增长部门和派生增长部门，并进一步分析了各种不同部门在经济增长中的作用。他认为经济的增长是主导部门依次更迭的结果，在经济发展中要重视发挥主导产业的扩散效应。弗朗西斯的增长极理论与上述观点有相似之处，其主要观点是一个国家或者地区，各个产业无法均衡发展，而在经济发展中，技术创新活跃的产业，其经济增长速度也快，可以作为经济"增长极"带动其他产业发展。

2.3.3 产业融合理论

从20世纪70年代开始，随着信息化进程的不断推进和经济服务化趋势的加深，世界上主要发达国家在信息、金融、物流、能源等领域出现了交叉融合现象，引起了学者们的关注。产业融合理论的研究主要围绕融合的概念、动因、类型几个方面展开。

1. 产业融合的概念

目前关于产业融合的定义尚未达成广泛的共识。美国学者罗斯伯格从技术视角出发，在对美国机器工具产业演化的研究中发现同一技术向不同产业扩散的现象，并把这种现象定义为"技术融合"。此后，盖纳斯、顿泽里曼和林达对产业融合的研究均沿用了罗斯伯格的技术融合思路。戴维·尤费则从产品视角出发，将产业融合定义为"采用数字技术后原来各自独立产品的整合"。也有学者从产业视角展开研究，认为产业融合通过技术创新和放宽限制来降低行业间的壁垒，加强了不同行业企业间的竞争合作关系。

国内学者通常基于产业边界和产业属性对产业融合进行定义。周振华认为，产业融合意味着传统产业边界的模糊化，即以数字融合为基础，为适应产业增长而发生的产业边界的收缩或消失。厉无畏、陈柳钦等将产业融合理解为产业属性的创新，认为产业融合就是不同产业或同一产业内的不同行业通过相互交叉、相互渗透，逐渐融为一体，形成新产业属性或新兴产业形态的动态发展过程。余东华认为产业融合的本质是在技术创新的推动下对传统产业组织形态的突破和创新，是产业组织结构变迁的一种动态过程。马健试图将以上视角综合起来，将产业融合的定义概括为：由于技术进步和放松管制，发生在产业边界和交叉处的技术融合，在经过不同产业或行业之间的组织、业务、市场和管理资源整合后，改变了原有产业产品以及市场需求的特征，导致产业内的企业之间的竞争合作关系发生改变，从而导致产业界限的模糊化甚至重划产业界。

2. 产业融合的动因

关于产业融合的动因，多数学者归于技术进步与政府管制的放松。杰特·李认为，产业融合发生的前提条件是产业之间具有共同的技术基础。发生技术融合，才能够发生产业融合。植草益认为，产业融合源于技术进步和规则的放松。欧洲委员会绿皮书也强调，技术和放松规制是产业融合发生的基本原因。也有一些学者提出产业融合产生的根本动因不在于技术因素，而在于其他方面。张磊强调了融合过程中管理创新的重要性。他指出，电信、广播、电视诸产业边界处的融合成为现实并非依靠技术进步和20世纪80年代以来的电信业的放松管制，而是由于实业界清醒地认识到了多以失败告终的电话和电视的纵向一体化融合这一"死尸融合"的现象，进而创新传统经营观念，将管理创造性与技术进步和放松管制相结合，没有管理创新，就不会发生电信、广播、电视诸产业的融合。还有部分学者认为多因素共同驱动是导致产业融合出现的原因。于刃刚等认为产业融合的主要原因是技术创新、政策放松经济性规制、企业跨产业并购、组建战略联盟以及四者之间的相互作用。陈柳钦则将产业融合的动因概括为 4 个方面：技术创新、竞争合作的压力、跨国公司的发展以及放松管制。

从对现有文献的回顾可以看出，产业融合是多种因素相互作用、相互影响的结果，这些原因基本可以概括为内在因素与外在因素两个方面。外在因素主要有全球化与自由化、产业管制政策的放松、消费需求变化等；

内在因素主要包括技术创新、管理创新或战略联盟、观念创新等。

3. 产业融合的类型

从产业融合的方式看，有 3 种形式的产业融合。其一，渗透融合，即高新技术及其相关产业向其他产业渗透、融合，并形成新的产业；其二，延伸融合，即通过产业间的互补和延伸，实现产业间的融合；其三，重组融合，即原本各自独立的产品或服务在同一标准元件束或集合下通过重组完全融为一体的整合过程，主要发生在具有紧密联系的产业或同一产业内部不同行业之间。聂子龙、李浩还提出了全新产业取代传统旧产业而进行的融合，可以将其作为产业融合的第 4 种方式。此外，还有学者从产品性质角度，将产业融合分为替代型融合、互补型融合和结合型融合。

"互联网+"与制造业间的融合发展是数字化转型背景下两产业在互动演进过程中所体现出来的新特点、新现象。产业融合理论对产业之间融合发生的一般性原理进行了分析，包括产业融合产生的原因、融合的识别、融合的类型。这些分析对于我们认识"互联网+"与制造业之间的融合问题有重大的启示意义。

2.3.4 产业升级理论

产业升级理论发展到今天，已经有百余年的历史，主要揭示了单一产业内部结构升级现象。产业升级是指某一产业内部结构从较低水平向较高水平发展的动态过程。产业升级表现为初级生产要素向高级生产要素的转移；在价值链层级中，从销售、中间装配向最终的组装、测试、零部件制造、产品开发和系统整合移动；在前后链接的层级中，从有形的商品类生产投入无形的、知识密集的生产性服务；由粗加工、浅加工向精加工和深加工转化；由低附加值向高附加值转化。

经济发展的不同阶段，每个产业内部结构升级的目标是不同的。目前我国已经进入工业化中后期，考虑到世界经济一体化和经济信息化的要求，产业升级的目标必须包括以下几点：

（1）知识化和信息化。产业结构的知识化有 3 种口径：一是教育、科研两个产业的知识化；二是教育、科研和信息产业的知识化；三是教育、科研加上高新技术产业的知识化。[①]随着知识经济的发展，每个产业都逐渐被知识渗透，要素的内涵在不断发生变化，知识要素所占的比重逐渐增加，产业内知识的生产、扩散和应用的规模逐渐扩大，围绕知识的生产、分配与使用相对增加；产业内各行业均以高密度的知识投入为基础，知识密集型产品价值在本产业产出价值总量中的比重增大。走新型工业化道路，需要以信息化来促进产业结构优化升级。产业内部结构信息化是指在本产业内部结构变化过程中不断采用信息技术装备产业或以信息技术为手段对传统行业进行改造，使信息技术所占的比重逐渐增加，信息采集传输和利用的能力增强，传统产业的信息化改造步伐加快。通过电脑化、数字化和网络化的运用和发展，信息技术在产业内的应用领域不断扩展，制造模式、制造技术和管理都实现信息化，产业内部的经济活动都将被信息化所覆盖。

（2）高技术化和软性化。高技术化是产业内升级在经济要素上的表现，是指技术要素在产业内部各要素中所占的比重越来越大，对高技术人才的依赖大大增强，积极采用高新技术，使与需求高级化相关并且关联度大的高技术行业成为产业内持续高速增长的主导部门。这里不是指一般的技术革新和技术改革，而是指产业内部生产技术上的根本变革，如一种新生产手段和生产工具的创造发明，或旧的生产手段与生产工具的根本变革等。这种生产技术上的根本变革能引起这个产业的巨大变化，因而能使这个产业内部结构升级。

软性化有 3 层含义：其一，在产业内部结构演进过程中逐渐掌握产品设计、核心技术和生产性服务，形成"控制两端、放开中间"的局面。其

---

① 邬义钧. 我国产业结构优化升级的目标和效益评价方法[J]. 中南财经政法大学学报, 2006（6）: 74.

二，产业内部结构演进过程中有形产品和资源等硬要素的作用在日益减弱，而知识、技术、服务、信息等软要素的作用在日益提高，出现"产业组织软化"和"经济结构软化"趋势。①其三，产业内部结构演进过程中有机构成快速提高，体力劳动和物质资源的投入相对减少，脑力劳动和科学技术的投入相对增加，逐渐成为本产业经济增长的第一要素。

（3）高加工度化和绿色化。高加工度化是指产业内部逐渐放弃初级产品制造和贴牌组装的打工经济，向产品设计和营销环节演进。由于知识、信息和高技术的作用，产品内部的内在素质和技术水平显著提高，产业链条向高加工度化方向延伸，衍生出许多精细加工业。工业结构高加工度化是指在工业内部发生由原材料工业为重心的结构向以加工、组装工业为重心的结构变化的过程，主要表现为工业加工程度的迅速深化，组装工业的发展大大快于原材料工业的发展速度。由于电子信息技术、生物技术、新能源、新材料、空间技术、海洋技术、环保技术等高技术的应用和创新发展，以物质资源的高消耗为基础的传统粗放型生产方式逐渐向以知识、信息和高技术为基础的集约型生产方式转变，绿色制造成为现代制造的主要模式，高科技环保技术在产业中广泛运用，一批绿色产品纷纷面世。绿色制造使产品从设计、制造、使用到报废整个产品生命周期中不产生环境污染或环境污染最小化，使资源利用率最高，能源消耗最低，符合环境保护要求。

一般认为，制造业转型升级包括高度化转型升级和合理化转型升级。高度化是指产业部门基于技术进步，由低效益向高效益方向逐渐转变、劳动生产率不断提升的过程②，实现劳动密集—资本密集—技术密集的演进，产业结构高度化直接体现为技术进步③。因此，制造业向高度化转型升级，

---

① 马云泽. 产业结构软化理论研究[M]. 北京：中国财政经济出版社，2006.
② 刘志彪. 发达国家技术创新与产业结构高度化的趋势[J]. 南京大学学报，2000（1）：29-37.
③ 秦永良，张满银，姜秀谦. 发展知识经济：我国产业结构调整和升级的最佳战略选择[J]. 经济学动态，2000（1）：19-23.

意味着制造业中的电子信息、新材料、新能源、航空航天等高端技术产业占比会不断增大，技术密集型产业将代替劳动密集型产业而占据主导地位，高端技术产业将引领制造业技术进步。合理化是指产业结构从相对不合理向相对合理调整的动态过程，改变长期存在的扭曲发展态势，通过对部门进行调整获取结构效益。在一定技术水平下，制造业产业结构总是处于相对不合理的状态，促成了制造业不同产业之间的资源要素流动，直至达到投入产出相对均衡状态；当技术水平变化时，产业结构状态又向新的相对均衡状态调整，整体呈现出波浪式发展。[①]

由"互联网+"与制造业转型升级的相关理论可知，产业结构高度化与合理化之间存在关联性。产业结构合理化是基础性要求，产业结构高度化必须在产业结构合理化基础上才能实现。当产业结构高度化水平达到一定程度时，产业结构高度化与合理化的均衡状态将被破坏，需要更高水平的产业结构合理化。因此，"互联网+"对制造业合理化转型的影响还需结合"互联网+"促进制造业高度化转型升级机制进行说明。

---

① 薛白. 基于产业结构优化的经济增长方式转变——作用机理及其测度[J]. 管理科学，2009（5）：112-120.

第 3 章
PART THREE

"互联网+"对制造业转型升级贡献测度指标体系

鉴于"互联网+"对制造业转型升级的重大作用，加之目前有关"互联网+"对制造业转型升级贡献度的研究主要集中于定性分析，探讨"互联网+"对制造业转型升级具有显著的促进作用，只有少数研究用定量分析方法具体分析"互联网+"从哪些方面对制造业转型升级做出贡献以及贡献度如何，因此综合构建贡献度测度评价指标体系具有重要意义。贡献测度指标体系不仅构成评价"互联网+"对制造业转型升级贡献度的现实基础，更是综合度量制造业转型升级的理论依据。一套完整、科学的测度指标体系则能够更加直观地体现"互联网+"对制造业转型升级各个方面的贡献度大小。

3.1 指标体系构建的理论、原则及步骤

3.1.1 指标体系构建的理论

在测度"互联网+"对制造业转型升级贡献时，必须要考虑"互联网+"对制造业转型升级影响的作用机理。除此之外，对"互联网+制造业"的研究，既需要考虑互联网基础设施、"互联网+"的具体应用情况以及其对制造业转型升级等客观影响，也需要考虑互联网思维、互联网普及率等主观的影响。

"互联网+制造业"特点的首要表现就是制造业的智能化。制造业生产过程的智能化突出表现在制造业生产中智能机器的投入使用上。人工智能这一互联网产品的投入使制造业生产产生了巨大的变革。"互联网+"与制

造业融合的效应首先是推动制造业生产和管理流程智能化。信息技术在制造过程中的深度应用，促使智能制造、网络制造、个性化制造成为当今世界制造业发展的一种大趋势，而大数据和互联网等新一代信息技术加快了智能互联网化的发展，提高了产品的数字化、智能化与互联化水平以及产品开放式创新水平和服务化水平，并不断拓宽行业边界，重塑制造优势资源，优化产业结构。①企业通过互联网可以将人机互动等先进技术贯穿应用于生产环节，并对生产流程全面进行实时监控、数据分析，从而形成高度灵活、智能化、数字化的产业价值链，使企业内部制造流程整合趋于数字网络化，从而使柔性化、个性化、大规模定制生产变得切实可行，继而充分满足消费者的个性化需求。这种通过机器设备和数据信息互联互通实现生产，可以为优化决策提供支撑服务，推动生产和管理流程智能化，从而提高生产效率。

"互联网+"对制造业的影响在一定程度上是互联网思维与传统思维、"制造"与"智造"的碰撞。互联网思维是指以用户、数据、平台、社会化以及迭代为代表的思维模式。在某种意义上，互联网思维是一种分享思维，利用大数据平台及时获取用户信息及用户体验感受，然后及时反馈给制造者，使制造者及时调整产品生产。传统的制造业强调生产的规模化和标准化，面对变化多端的客户需求反应较慢，产品生产的调整时间较长，这无疑加重了企业生产的成本且不能随需而变。互联网思维的冲击改变了传统制造业企业规模化和标准化的思维模式，将生产目光聚焦到消费者身上，使生产柔性化、产业链可调整化，在一定程度上缩短了市场与生产的距离。除了产品生产者，消费者也因为互联网思维的影响有了变化。传统的制造业产品不论是产品样式还是生产规模，消费者都处于被动接受的局面。互联网思维使消费者可以在简短时间内通过互联网平台获取到更多的产品信息；与此同时，还可以在各种样式的产品中选择符合自身需要的产品，而

---

① 刘林森. "互联网+"推动制造业转型升级[J]. 装备制造，2015（9）：78-79.

消费者的这些消费习惯，也将会以大数据的形式反馈给生产者，从而调整产品生产。从技术层面看，智能制造是利用智能机器人或设备承担制造业生产中的分析、计算、判断推理等方面的工作，通过智能机器人提高生产过程算法计算的准确率，使生产的各组织间实现柔性化及自我调整与修复。

"互联网+"对制造业生产流程的影响主要体现在生产率提升和流程更新换代两个方面，直接反映为"中国制造2025"，具体表现为工业4.0的对接。工业4.0强调智能制造和智能生产，以信息物理系统为核心，通过将网络、计算机与物理环境深度融合，构建多维复杂的工业系统，实现从原材料物流到生产运作等各环节端对端的集成，从本质上提升了制造业的运作效率，更好地整合资源以实现制造资源优化配置。互联网应用对制造业企业的价值创造在于推动研发设计的网络化协同发展。通过对研发设计部门和生产制造部门双方资源信息的有效整合，提升研发设计与生产制造的协同作用，最大化配置资源；互联网能够有效地在研发、制造、营销服务等环节直接与客户建立联系，客户也可通过网络参与在线设计，提供有价值的思维，企业通过更加扁平化的网状结构，与消费者深度交流，促进个性化的需求产品产生，同时也使企业内研发、设计、生产部门之间、企业之间的协同研发合作变为可能和高效。制造业在参与价值链上端研发应用过程中，借助互联网技术能够大大缩短研发设计周期，为企业带来更多价值，这些都促使研发设计网络化协同变得更加切实可行。

"互联网+制造业"另一个比较突出的特点就是制造业的信息化。区别于传统制造业标准化和精细化的生产作业模式，信息化的制造业生产模式是自动化、数字化以及互联网化的。这种新型的生产模式在解放部分人力资源的同时也提高了制造业的生产效率，增加了制造业企业的效益。制造业信息化的主要特点在于：一是信息化成为制造业转型升级的重要动能。一方面，通过大数据、云计算、物联网等应用，以新技术、新业态、新模式，推动传统制造业生产、管理和营销模式等方面的变革；另一方面，以智能制造为主攻方向,推进"互联网+制造业"行动,积极发展工业互联网平台,促进先进制造业的加快发展。二是信息化还从消费端推动了制造业转型升级。互联网时代是信息快速流通的时代,加快用户与制造商之间的信息沟通是制造业产品能否符合大众需要的重要条件。互联网拓宽了制造业产品的销售渠道,增强了产品销售的信息通畅性,为制造业产品吸引了更多的潜在消费者,无形中提高了制造业产品的销售量。三是互联网以其低成本、快速高效的渠道优点成为被众多制造业生产厂商青睐的销售方式。相对于传统通过中间商进行产品销售的模式,网络平台的时效性更强,产品受众更广,销售投入更少,这些都为制造业产品的销售提供了便利。

"互联网+"与制造业融合的效应还在于互联网应用促进制造业绿色持续化发展。近年来,绿色市场的趋势走向和规模变化,促使企业提出倡导绿色发展观念,以持续发展为目标,充分对接用户的绿色需求,同时市场需求要配合环境保护政策,大力研发绿色无污染产品。传统制造业企业在利用互联网转型升级时普遍会面临一个问题:如何在保证安全可靠的前提下将既有作业体系、人员设备等进行优化,以此来达到降低耗能、提高产能的目的。然而,当前互联网和制造业深度融合创新集成突破展示了工业正朝生态文明化发展,极大破除了资源环境的桎梏。制造业企业只有把握资源要素流动和产业生产协同的国际化新机遇,吸纳优质资源,高效推动工业产品研发制造,优化产品全生命周期能效利用,在高污染、高耗能产业加快推进智能工厂建设。[①]大力扶持企业研发绿色产品,注重生态环保,提高产品低碳、无污染水平,发扬绿色消费观念,建立绿色园区,推动园区产业耦合,实现"零"污染,不断完善互联网技术、节能环保与工业行业的融合标准体系,推动工业建设与生态文明协同发展。

---

① 黄娟,石秀秀. 互联网与生态文明建设的深度融合[J]. 湖北行政学院学报,2016(4):63-68.

3.1.2 指标体系构建的原则

1. 科学性原则

贡献测度指标体系是一个相互作用的整体，其结构也应当对现实具有一定的指导意义，因此测度指标的建立必须遵循科学性原则，选择科学的指导理论，采用科学的评价方法，最终的评价结果也应当与制造业转型升级的趋势相吻合。如果评价结构与转型升级趋势发生矛盾甚至相背离，说明测度指标体系不科学，不宜采用。

2. 可比性原则

贡献测度指标在不同地区、不同制造业之间存在一些差异。"互联网+"对制造业转型升级贡献测度评价指标的选取应充分考虑不同地区、不同制造业测度指标的差异，应尽量保证指标含义、统计口径和范围的一致性，以保证指标的可比性。另外，还要考虑各省份之间统计标准和统计口径的差异。选取评价指标时，要综合考虑制造业产业间、区域间统计指标和统计口径的差异，还要综合考虑制造业产业间、区域间统计指标和统计口径的一致性，使指标体系和评价标准在产业间和区域间具有一定的可比性。

3. 系统性原则

"互联网+"对制造业转型升级贡献测度指标体系是一个复杂的体系，其中包括多级评价指标，既有定性指标也有定量指标，体系中各指标既相互独立又相互制约且不可替代，共同构成一个层次分明、结构清晰、有机协调的测度指标体系。

4. 可操作性原则

贡献测度指标体系构建的目的是更加直观地表现出"互联网+"对制造业转型升级的贡献度，具有一定的现实意义，应当充分衡量各个指标的数据来源以及各指标量化的难易程度，避免求解难度过大的纯数学方法，确保测度指标体系能够为大多数从业者所用，即满足可操作性原则。

3.1.3 指标体系构建的步骤

"互联网+"对制造业转型升级贡献测度指标体系应该较为全面地体现"互联网+"与制造业融合的效应,"互联网+"对制造业高度化转型升级影响和合理化转型升级影响,互联网应用对制造业企业的经营效率和价值创造。因此,设计评价指标体系时必须采用合理的方法,妥善进行指标的筛选,处理各指标间的关系,尽可能地避免或减少指标选择的随意性、重复性。围绕"互联网+"与制造业转型升级的融合效应,构建一套完整的贡献测度评价指标体系至关重要。

1. 确定评价目的

只有目标确定了,才能持续顺利地开展研究,也在一定程度上决定了指标体系的内容和评价方法。因此,要确定研究对象是"互联网+"对江西制造业转型升级的贡献。①判断"互联网+"对制造业转型升级的贡献点在哪几个方面,为评价江西制造业转型升级过程中"互联网+"所做的贡献提供参考依据,为政府部门制定正确的扶持政策提供决策咨询;②评价可以使各地级市工信部门认清本土制造业的优势和劣势,积极改善和提高自身的网络条件及数字化水平,更好地发挥"互联网+"在制造业转型升级中的作用。

2. 测度指标选取

首先,通过大量阅读文献,查阅资料,对以往研究者在研究此类问题时所采用的指标进行总结和提炼,筛选出与本研究内容相关的评价指标。其次,对筛选出来的指标进行分层和细化,参照层次分析法解决决策问题时常用的模式,将问题划分为目标层、准则层、方案层;接下来需要通过实地走访或者访谈调研对初选指标进行分析论证,可以采用德尔菲法进行如下两个方面的工作:一是舍弃与本次研究不相关或者相关性不大以及科学合理性欠佳的初选指标;二是对与本次研究相关性较好或者本身科学合理性尚佳的初选指标进行优化,使其能够满足本研究的需要。最后,可以通过头脑风暴法,提出部分创新指标,与初选指标、优化指标共同组成"互联网+"对江西制造业转型升级贡献测度指标体系。

3. 建立指标体系

一是评价"互联网+"对江西制造业转型升级的贡献,前提是要确定"互联网+"对制造业转型升级的贡献点在哪里。根据文献研究法,初步建立起评价指标体系。二是通过检索发现,关于"互联网+"对制造业转型升级贡献评价指标体系的研究较少,为了构建本研究的指标体系,先要分解评价目标,分析评价目标所包含的所有可能的因素,并罗列出大量的指标;继而根据走访调研和访谈专家的建议,对指标进行筛选,选取代表性强的指标,建立完整的二级指标体系,检验指标的信度和效度,目的在于保证指标体系的合理性与科学性,使评价研究工作顺利完成;然后对构建的评价指标的内涵进行解释,界定指标的范围。最后,采用综合评价分析法计算确定指标的权重。

3.2 评价指标体系的构建

3.2.1 评价指标体系的指标选取

随着互联网、云计算、大数据的发展,以互联网为代表的新一代信息技术与制造业的融合渗透日趋加深,改变了传统制造业的生产方式、产业形态、组织架构和创新形式。[①]"互联网+制造业"充分利用互联网平台、信息通信技术把互联网和包括传统制造业在内的各行各业结合起来,从而在新领域创造出了一种新生态。通俗地说,"互联网+制造业"就是"互联网+各个制造业行业",但并不是简单地将两者相加,而是利用信息通信技术以及互联网平台,让互联网与制造业进行深度融合,创造新的发展生态。

---

① 熊宇. 全球价值链治理新发展与我国制造业升级[J]. 科技进步与对策,2011,28(22):49-53.

制造业转型升级的内涵应充分体现时代产业发展的新要求。2015年7月初，国务院印发《关于积极推进"互联网+"行动的指导意见》，这是推动互联网由消费领域向生产领域拓展，加速提升产业发展水平，增强各行业创新能力，构筑经济社会发展新优势和新动能的重要举措。指导意见提出了11项具体行动，关于制造业，提到要推动互联网与制造业融合，提升制造业数字化、网络化、智能化水平，加强产业链协作，发展基于互联网的协同制造新模式；在重点领域推进智能制造、大规模个性化定制、网络化协同制造和服务型制造，打造一批网络化协同制造公共服务平台，加快形成制造业网络化产业生态体系。

就"互联网+制造"而言，存在4个重要战略发展方向和特征：一是智能制造。借助"互联网+"发展智能工厂，是重要的发展方向。与此相对应，云计算、物联网、智能机器人、增材制造等技术的发展和应用将是重点。工控系统、智能感知元器件、工业云平台、操作系统和工业软件，都需要突破性发展。工业大数据的分析应用，也是整个发展方向和特征的重要基础。二是大规模的个性化定制。定制化产品是现代人普遍的需求，然而在以前和目前的工业制造模式下，定制化需求是被抑制的。"互联网+"为大规模定制化生产提供了通路，具体到实施，需要有连通用户、设计、生产、制造、采购、物流等各环节的软件系统，将用户需求信息以实时保真的方式传递给设计及后续环节。企业内部信息管理系统也具有高度准确的信息分发和管理能力，确保正确的信息准时出现在每一道制造工序。三是网络化协同制造。正如促进了人与人的沟通和协作，互联网也将促进各制造实体间的沟通与协作。在新的工业时代，基于互联网的企业间协同制造将会变得非常重要，需要开发一些工业操作系统，让产生于各制造企业的数据能够标准统一，可以互相无损失地交换。为了数据的整合、交流以及企业间的协作，基于云的管理系统会得到更多应用，从而便于各制造企业之间的整合。企业的供应链需要更加高度的整合，并能够迅速做出统一的调整和数据流动。四是制造业服务化。目前制造业互联网化已经渗透到企业研发、生产、物流、销售、售后等价值链环节，制造业服务化成为企业转型升级的主流趋势。在转型升级与"两化融合"的大背景下，我国制造企业正试图摆脱因低端价值链带来的价格竞争，努力向价值链两端延伸。研发、设计、营销、售后、品牌管理和知识产权管理等服务环节的投入逐年增加。

此外，学术界对制造业发展的评价体系研究也在不断丰富。李廉水等（2015）从经济、能源、环境、创新和服务5个方面对中国不同区域的制造业发展水平进行了评价。[①]李凌雁、刘丽娟（2018）结合河北省制造业发展实际，构建了包含经济、管理、科技和环境4个方面内容的评价体系，综合评价了河北省先进制造业的发展现状。[②]潘为华等（2019）依据中国29个省市的面板数据，从增长质量、科技研发、信息技术和绿色环保4个方面构建指标体系对中国制造业的发展水平进行评价。[③]樊召玲（2021）从采用实证分析法，结合制造业转型升级的方向，构建了包含智能化、网络化、服务化和绿色化4个维度的评价指标体系，对河北省制造业转型升级水平进行评价。[④]

《中国制造2025》《关于积极推进"互联网+"行动的指导意见》《国家创新驱动发展战略纲要》《关于深化制造业与互联网融合发展的指导意见》《新一代人工智能发展规划》等文件对推进互联网与制造业转型升级的方向进行了明确，提出要大力实施"互联网+"协同制造，要把制造业数字化、网络化、智能化、绿色化作为提升产业竞争力的技术基点，推动制造业转型升级。基于此，本书为了能够科学客观地评价"互联网+"对江西制造业转型升级的贡献度，在构建评价指标体系时借鉴了一些学者构建的制造业

[①] 李廉水，程中华，刘军. 中国制造业"新型化"及其评价研究[J]. 中国工业经济，2015（2）：63-75.

[②] 李凌雁，刘丽娟. 河北省先进制造业发展水平测度及优化对策[J]. 河北经贸大学学报，2018（4）：81-86.

[③] 潘为华，潘红玉，陈亮，等. 中国制造业转型升级发展的评价指标体系及综合指数[J]. 科学决策，2019（09）：28-48.

[④] 樊召玲. 河北省制造业转型升级研究[D]. 呼和浩特：内蒙古师范大学，2021：1-2.

发展水平评价指标,并结合"互联网+制造"的内涵、发展特征以及当前江西省智能制造、两化融合、大规模个性化定制、制造业互联网化和绿色化发展的方向及实践,整体上遵循系统性、可比性和可行性原则,构建了包含数字化、网络化、智能化和绿色化4个维度16项指标的"互联网+"对制造业转型升级贡献度评价指标体系。该指标体系由数字化、网络化、智能化和绿色化4个一级指标、16个二级指标组成,用来与30个省、自治区和直辖市(不包括我国港澳台地区以及西藏自治区,下文简称"30个省区市")的贡献度水平进行比较分析(见图3-1)。

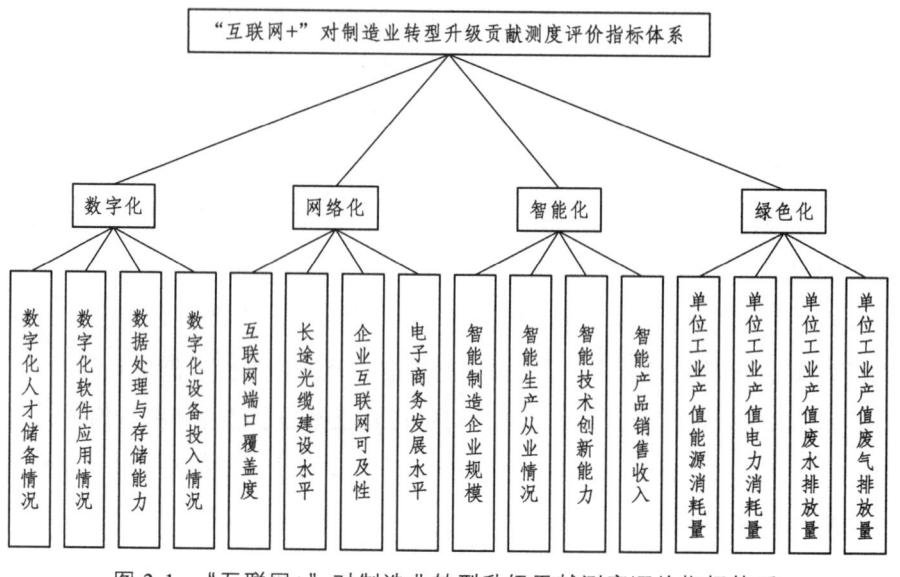

图 3-1 "互联网+"对制造业转型升级贡献测度评价指标体系

3.2.2 评价指标体系的指标说明

本书从数字化、网络化、智能化和绿色化4个维度构建了16项指标对"互联网+"对制造业转型升级贡献进行测度。指标说明详见表3-1。评价指标的确立主要是通过对相关文献进行收集和总结的基础上分析而得来的,根据研究对象以及研究目的的不同,所构建的指标体系的侧重点也不同,但都从研究对象的自身性质特点出发,构建与之相适应的指标体系。

表 3-1 "互联网+"对制造业转型升级贡献测度评价指标体系

一级指标	二级指标	指标解释	指标单位	指标属性
数字化	数字化人才储备情况	软件和信息技术服务业从业人数	万人	正向指标
	数字化软件应用情况	软件产品收入、信息服务收入与嵌入式系统软件收入之和	亿元	正向指标
	数据处理与存储能力	信息系统集成服务收入、数据处理和存储服务收入之和	亿元	正向指标
	数字化设备投入情况	信息传输、软件和信息技术服务业固定资产投资额	亿元	正向指标
网络化	互联网端口覆盖度	互联网宽带接入端口数/区域面积	个/平方千米	正向指标
	长途光缆建设水平	长途光缆线路长度/区域面积	km/100 km^2	正向指标
	企业互联网可及性	制造业企业互联网普及率	%	正向指标
	电子商务发展水平	电信业主营业务收入	亿元	正向指标
智能化	智能制造企业规模	智能制造企业主营业务收入/制造企业主营业务收入	%	正向指标

续表

一级指标	二级指标	指标解释	指标单位	指标属性
智能化	智能生产从业情况	电子及通信设备制造业从业人数/制造业从业人数	%	正向指标
	智能技术创新能力	制造业有效发明专利数/制造业R&D人员全时当量	件/人	正向指标
	智能产品销售收入	制造业新产品销售收入/制造业主营业务收入	%	正向指标
绿色化	单位工业产值能源消耗量	制造业能源消耗量/制造业增加值	万吨标准煤/亿元	逆向指标
	单位工业产值电力消耗量	制造业电力消费量/制造业增加值	亿千瓦时/亿元	逆向指标
	单位工业产值废水排放量	制造业废水排放量/制造业增加值	万吨/亿元	逆向指标
	单位工业产值废气排放量	制造业废气排放量/制造业增加值	亿标立方米/亿元	逆向指标

1. 数字化维度

当前制造业的数字化主要是通过软件和信息服务业与制造业的深度融合来实现的。基于此，本书用软件和信息服务业的部分指标来衡量制造业数字化发展状况。具体包括 4 个指标：数字化人才储备情况、数字化软件应用情况、数据处理与存储能力和数字化设备投入情况。其中，用软件和信息技术服务业从业人数来度量数字化人才储备和规模；用软件和信息技术服务业的软件产品收入、信息服务收入与嵌入式系统软件收入之和来度量数字化软件应用情况；用软件和信息技术服务业的信息系统集成服务收入、数据处理和存储服务收入之和来度量数据处理和存储能力；用信息传输、软件和信息技术服务业固定资产投资总额来度量数字化设备投入情况。

2. 网络化维度

随着互联网的发展，企业之间更加注重生产的协作性和信息的共享性，企业与用户之间的交易也更加便捷。该维度主要反映以工业互联网、移动互联网、物联网、5G 网络等为代表的网络基础设施建设情况。主要选取互联网端口覆盖度、长途光缆建设水平、企业互联网可及性和电子商务发展水平等指标。其中，互联网端口覆盖度用互联网宽带接入端口数与区域面积比值来度量；长途光缆建设水平用长途光缆线路长度与区域面积比值来度量；企业互联网可及性用制造企业互联网普及率来度量，该指标等于有电子邮箱和企业网址的样本企业数除以样本企业总数，相关数据来源于中国工业企业数据库；电子商务发展水平用电信业主营业务收入来度量。

3. 智能化维度

制造业企业的智能化体现在智能产品研发、智能生产制造和智能营销管理等方面。该维度包含 4 个指标：智能制造企业规模、智能生产从业情况、智能技术创新能力、智能产品销售收入。其中，智能制造企业规模用智能制造企业主营业务收入占制造企业主营业务收入的比重来度量；智能生产从业人员规模用电子及通信设备制造业从业人数占制造业从业人数的比重来度量；智能技术创新能力用制造业有效发明专利数与制造业 R&D 人员全时当量的比值来度量；智能产品销售收入用制造业新产品销售收入占制造业主营业务收入的比重来度量。

4. 绿色化维度

该维度反映的是绿色发展新理念下制造业清洁生产和资源效率利用的状况，选取单位工业产值能源消耗量、单位工业产值电力消耗量、单位工业产值废水排放量和单位工业产值废气排放量等指标。其中，单位工业产值能源消耗量、单位工业产值电力消耗量分别用制造业能源消耗量、制造业电力消费量与制造业增加值的比重来表示；单位工业产值废水排放量、单位工业产值废气排放量分别用制造业废水排放量、制造业废气排放量与制造业增加值的比重来表示。由于相关资料中缺少单独针对制造业的能源消耗量、电力消耗量、废水排放量和废气排放量的相关数据，且制造业是工业的主要组成部分，所以采用工业排放量和消耗量来衡量互联网时代制造业的绿色发展。其计算公式分别为：

单位工业产值能源消耗量=工业终端煤炭消耗量/工业总产值

单位工业产值电力消耗量=工业终端电力消耗量/工业总产值

单位工业产值废水排放量=工业废水排放总量/工业总产值

单位工业产值废气排放量=工业废气排放总量/工业总产值

以上4个指标类似，均属于逆向指标。

3.2.3 评价指标的内涵解释

1. 数字化维度

数字化人才储备情况：软件和信息技术服务业从业人数，是指一个地区利用软件和信息技术从事服务业工作的人数总量。

数字化软件应用情况：软件产品收入、信息服务收入与嵌入式系统软件之和，是指一个地区的软件销售总额、利用信息技术进行开发产生的交易额与开发一种完全嵌入受控器件内部，为特定应用而设计的专用计算机系统产生的交易额总和。

数据处理与存储能力：信息系统集成服务收入、数据处理和存储服务收入之和。

数字化设备投入情况：信息传输、软件和信息技术服务业固定资产投资额。

2. 网络化维度

互联网端口覆盖度：互联网宽带接入端口数/区域面积。

长途光缆建设水平：长途光缆线路长度/区域面积。

企业互联网可及性：制造业企业互联网普及率，即互联网用户数占常住人口总数的比例。

电子商务发展水平：电信业主营业务收入。

3. 智能化维度

智能制造企业规模：智能制造企业主营业务收入/制造企业主营业务收入。

智能生产从业情况：电子及通信设备制造业从业人数/制造业从业人数。

智能技术创新能力：制造业有效发明专利数/制造业 R&D 人员全时当量。

智能产品销售收入：制造业新产品销售收入/制造业主营业务收入。

4. 绿色化维度

单位工业产值能源消耗量：制造业能源消耗量/制造业增加值，用单位工业产值能源消耗量=工业终端煤炭消耗量/工业总产值表示。单位工业产值能源消耗量是指一定时期内每亿元制造业产值的综合煤炭消耗量，是反映制造业企业对煤炭的利用程度和节能降耗状况的重要指标，属于逆向指标。单位产值煤炭消耗量越小，表明制造业企业的能源利用效率越高，节能降耗状况越好。

单位工业产值电力消耗量：制造业电力消费量/制造业增加值，用单位工业产值电力消耗量=工业终端电力消耗量/工业总产值表示。单位工业产值电力消耗量是指一定时期内每亿元制造业产值的综合电力消费量，是反映制造业企业对电力的利用程度和节能降耗状况的重要指标，属于逆向指标。单位产值电力消耗量越小，表明制造业企业的电力利用效率越高，节能降耗状况越好。

单位工业产值废水排放量：制造业废水排放量/制造业增加值，用单位工业产值废水排放量=工业废水排放总量/工业总产值表示。单位工业产值废水排放量是指一定时期内每亿元制造业产值的综合废水排放量，是反映制造业企业对废水的排放程度和控制处理状况的重要指标，属于逆向指标。单位产值废水排放量越小，表明制造业企业的废水控制效率越高，废水净化处理状况越好。

单位工业产值废气排放量：制造业废气排放量/制造业增加值，用单位工业产值废气排放量=工业废气排放总量/工业总产值表示。单位工业产值废气排放量是指一定时期内每亿元制造业产值的综合废气排放量，是反映制造业企业对废气的排放程度和控制处理状况的重要指标，属于逆向指标。单位产值废气排放量越小，表明制造业企业的废气控制效率越高，废气过滤处理状况越好。

3.3 评价指标的测算方法

在对本研究数据的可得性以及研究目的进行综合分析的基础上，决定构建指标体系来综合评价测度"互联网+"对江西制造业转型升级的贡献。当前权重的确定方法可以分为两大类：主观赋权法和客观赋权法。主观赋权法是根据决策者主观信息进行赋权的一类方法，主要有德尔菲法、模糊模式识别法和层次分析法等。这类方法主观随意性较大，没有充分考虑客观历史数据的重要性。客观赋权法则是采用某种数学方法，依据原始数据之间存在的某种数理关系来赋予比重，其重在强调客观数据，主要包括离差最大化决策、多目标规划法和熵权法。为避免权重的主观性，本书在遵从数学规律及严格的数学意义的基础上采用熵权法赋予权重。熵权法的基本原理为基于各指标之间的变异程度，根据信息熵计算全部指标的熵权，利用计算出来的熵权修正原有全部指标的权重，从而使得到的指标体系的权重更加客观准确。

熵值法主要利用熵是一种不确定的度量的特点来判断已有指标的有效性和价值。该系统信息量越大，越稳定，熵也越小；信息量越小，越混乱，熵也越大。一般认为，熵值法能够反映指标信息熵值的效用价值，并确定每一个指标的权重，其给出的指标权重可能会比层次分析法等有着更高的可信度，但也有不足，如缺少指标之间的横向比较等。

3.3.1 各评价指标的归一化处理

为了消除不同量纲的影响，在计算权重之前需要对评价体系的各项指标进行归一化处理，用归一化后的相对数值替代原先的绝对数值，使不同计量单位和数量级的指标间具有可比性。本书 16 项评价指标中前 12 项与"互联网+"对制造业转型升级贡献水平呈正相关性，为正向指标；后 4 项与"互联网+"对制造业转型升级贡献水平呈负相关性，为逆向指标。相关计算公式如下：

正向指标：$Y_{ij} = \dfrac{X_{1j} - \min(X_{1j}, \cdots, X_{nj})}{\max(X_{1j}, \cdots, X_{nj}) - \min(X_{1j}, \cdots, X_{nj})}$

逆向指标：$Y_{ij} = \dfrac{\max(X_{1j}, \cdots, X_{nj}) - X_{1j}}{\max(X_{1j}, \cdots, X_{nj}) - \min(X_{1j}, \cdots, X_{nj})}$

假设评价对象有 n 个样本，其中每个样本存在 m 个指标，则 X_{ij} 代表第 i 个样本的第 j 个指标的原始值；Y_{ij} 表示处理后的标准值。

3.3.2 各评价指标熵值的确定

通过对文献的梳理发现，关于评价"互联网+"对制造业转型升级贡献水平的研究较少，对江西制造业转型升级贡献水平的研究更是少之又少，目前对多个指标进行综合评价时确定权重的方法有层次分析法、主成分分析法、数据包络分析法（DEA）、灰色关联分析法、熵权法等。熵权法通过指标数据的离散程度确定指标的权重。熵值越小表明指标的离散程度越大，提供的信息量越多，权重也就越大。熵值越大表明指标的离散程度越小，提供的信息量越少，权重也就越小。因此，在各指标归一化的基础上，计算第 j 个指标下第 i 个样本值的比重：

$$p_{ij} = \frac{Y_{ij}}{\sum_{i=1}^{n} Y_{ij}}, i=1,2,\cdots,n; j=1,2,\cdots,m$$

进一步计算得出第 j 个指标的熵值：

$$e_j = -k(\sum_{i=1}^{n} p_{ij} \times \ln p_{ij}), i=1,2,\cdots,n; j=1,2,\cdots,m$$

$$e_j \geqslant 0, k = \frac{1}{\ln n} > 0$$

根据熵值，计算信息熵冗余度：

$$d_j = 1 - e_j, j=1,2,\cdots,m$$

3.3.3 各评价指标权重的确定

第 j 个评价指标的权重 W_j 为：

$$W_j = \frac{d_j}{\sum_{j=1}^{m} d_j}, j=1,2,\cdots,m$$

在采用熵权法确定各指标权重后，运用线性加权求和法对各个地区"互联网+"对制造业转型升级在数字化、网络化、智能化和绿色化各维度的得分以及整体的综合得分加以计算，得到总贡献度，也就是综合指数。用 Z_i 表示第 i 个评价对象的综合指数。

$$Z_i = \sum_{j=1}^{m} W_j \times Y_{ij}, i=1,2,\cdots,n; j=1,2,\cdots,m$$

根据以上公式依次可以计算得到"互联网+"对制造业转型升级贡献测度指标体系中各指标权重以及整体的贡献度。

第4章

PART FOUR

"互联网+"对江西制造业转型升级的贡献测度与分析

4.1 "互联网+"对全国省级制造业转型升级的贡献测算与评价

4.1.1 数据来源及处理

本书中的数据全部来源于国家统计局《中国统计年鉴》,31个省、自治区和直辖市统计局《统计年鉴》及工信部网站上2020年的数据,并且还查阅了《中国工业统计年鉴》(2021)、《中国科技统计年鉴》(2021)、《中国环境统计年鉴》(2021)。由于西藏缺少数字化软件应用情况、数据处理与存储能力、数字化设备投入情况、智能制造企业规模、单位工业产值能源消耗量、单位工业产值电力消耗量、单位工业产值废水排放量、单位工业产值废气排放量等相关指标的数据,因此,本书计算了不包括我国港澳台地区和西藏自治区在内的共30个省区市的"互联网+"对全国省级制造业转型升级的贡献指数。对于2020年个别指标缺失的情况,我们采用该指标往年历史数据进行线性插值的办法进行补全。

由于指标体系中的各个指标单位不尽相同,需要对它们进行无量纲化处理,并按照不同指标数据类型来选择不同的无量纲方式。首先,使用SPSSAU数据分析软件,对前12个指标进行正向化无量纲化处理;其次,对后4个指标进行逆向化无量纲化处理;最后,采用熵权法对数字化人才储备情况等总共16个指标($X_1,\cdots,X_{16}$)进行权重计算。表4-1展示了2020年

表 4-1 2020 年全国 30 个省区市 16 个指标原始数据值

地区	X_1	X_2	X_3	X_4	X_5	X_6	X_7	X_8	X_9	X_{10}	X_{11}	X_{12}	X_{13}	X_{14}	X_{15}	X_{16}
北京	92.3	15 285.97	1 180.82	369.17	1 240.54	24.76	34.1	637.12	0.95	3.8	1.2	31.5	1.198	0.270 4	1.742 1	1.018 7
天津	7	2 373.04	296.05	9.8	1 110.27	40.58	38.6	144.16	0.096	1.9	0.55	23.3	1.241 4	0.149 4	2.664 7	4.531 1
河北	10.4	169.54	152.96	20.44	244.98	19.94	34	482.42	0.096	4.2	0.33	19	2.073 6	0.225 9	2.585 5	2.789 9
山西	5.2	67.96	8.42	42.11	148.58	20.8	35.9	251.04	0.97	4.8	0.31	19.8	5.318 3	0.264 4	2.355 1	22.65 9
内蒙古	4.6	14.29	6.69	0.36	12.18	5.98	30.1	207.09	0.032	9.0	0.32	11.7	3.912 9	0.528 2	3.992 2	3.786 2
辽宁	13.9	1 791.85	256.19	19.36	226.54	15.86	31.3	368.12	0.079	3.2	0.48	16.4	1.922 8	0.222 4	3.657 0	4.421 2
吉林	4.4	422.82	123.24	12.42	88.11	14.27	27.2	159.90	0.019	5.0	0.57	18.9	2.869 8	0.327 2	6.019 0	6.577 8
黑龙江	8.6	46.07	55.36	1.51	46.78	11.4	27.8	217.37	0.036	12.0	0.58	11.8	2.010 3	0.190 4	4.852 7	4.471 5
上海	44.8	6 564.49	766.08	115.55	3 685.71	79.9	36.9	596.14	0.13	1.5	0.71	26.9	0.549 3	0.079 7	3.231 5	1.571 5
江苏	32.8	10 654.52	1 278.55	623.48	704.18	39.4	44.3	1 025.73	0.11	1.1	0.42	33.3	0.650 2	0.119 8	3.038 8	0.791 6
浙江	28.3	7 009.60	317.90	276.21	591.32	26.49	45.5	853.77	0.33	1.3	0.19	39.0	0.556 0	0.149 6	18.192	1.710 6
安徽	9.7	774.79	78.05	17.80	253.66	25.45	34.3	421.05	0.27	2.4	0.50	34.6	1.260 3	0.132 9	3.468 3	1.378 6
福建	10.3	2 264.25	749.18	46.96	277.82	20.62	44.1	488.81	0.51	1.7	0.32	11.7	0.640 6	0.113 2	9.856	2.093 0
江西	5.5	214.21	30.04	2.17	151.67	20.03	33.4	308.24	0.20	2.2	0.19	21.2	0.855 7	0.113 9	4.075 6	2.433 7
山东	19.9	5 743.29	793.75	306.24	439.32	25.60	33.9	697.07	0.044	1.8	0.31	21.7	1.351 5	0.230 5	5.770 4	1.358 0

续表

地区	X_1	X_2	X_3	X_4	X_5	X_6	X_7	X_8	X_9	X_{10}	X_{11}	X_{12}	X_{13}	X_{14}	X_{15}	X_{16}
河南	18.3	400.86	155.89	8.16	295.48	21.50	31.1	676.66	0.32	2.1	0.25	18.3	0.795 4	0.103 8	2.432 6	0.900 8
湖北	16.4	1 862.92	271.40	189.69	173.29	17.29	32.4	452.11	0.22	2.7	0.39	25.2	0.632 5	0.084 4	3.195 7	2.862 1
湖南	8.5	932.45	112.26	45.07	153.09	20.14	31.8	471.32	0.65	3.7	0.33	23.2	0.422 2	0.079 2	3.412 6	1.396 6
广东	74.0	13 561.08	1 768.92	231.26	480.73	32.08	30.9	1 721.82	0.28	1.0	0.62	31.6	0.489 8	0.178 0	3.339 0	1.239 5
广西	5.9	544.79	37.9	17.33	142.21	17.60	32.9	355.47	0.031	4.9	0.42	16.3	1.553 8	0.247 4	5.852 8	4.492 0
海南	2.4	118.05	9.19	3.98	250.68	9.34	34.9	107.21	0.065	9.4	0.91	7.5	1.973 7	2.548 1	2.552 2	2.705 8
重庆	5.9	1 971.34	316.9	43.97	287.83	7.37	38.3	268.78	0.51	2.3	0.3	27.3	0.805 8	0.098 0	3.074 2	1.865 0
四川	23.7	4 149.29	792.74	112.11	130.55	25.98	35.6	661.17	0.18	3.2	0.47	12.1	0.960 1	0.132 3	3.471 6	1.394 2
贵州	4.6	263.00	50.1	16.13	99.12	20.15	26.0	314.05	0.53	6.3	0.32	12.8	1.129 6	0.210 1	4.345 3	2.708 7
云南	5.3	106.48	30.38	1.30	57.87	15.53	27.1	375.16	0.032	5.3	0.33	10.0	1.601 9	0.239 2	3.389 5	3.607 4
陕西	14.0	2 829.88	217.73	365.60	125.32	19.58	34.6	352.02	0.096	3.8	0.45	13.7	2.550 4	0.149 4	2.943 6	2.598 6
甘肃	3.6	63.21	21.36	2.50	32.14	8.79	37.2	190.75	1.9	5.3	0.47	9.8	2.392 4	0.448 3	9.197 0	7.118 2
青海	0.9	4.46	0.34	0.1	5.72	6.04	30.7	53.57	0.064	6.9	0.68	13.2	3.915 1	0.800 0	23.495	0.936 5
宁夏	0.8	27.06	3.59	17.9	82.83	15.76	39.4	59.64	0.033	6.6	0.38	14.7	5.560 2	0.751 4	8.661 5	10.389
新疆	4.0	60.50	47.01	1.42	11.71	2.84	35.0	236.62	0.014	6.3	0.96	8.3	3.911 7	0.710 2	2.671 2	7.085 9

30个省区市的16个指标原始数据值（个别空值进行了插值补全），图4-1展示了采用熵权法计算所得的16个指标对应的权重值。其中数字化设备投入情况的权重最高，为0.137，说明这项指标有重要作用。

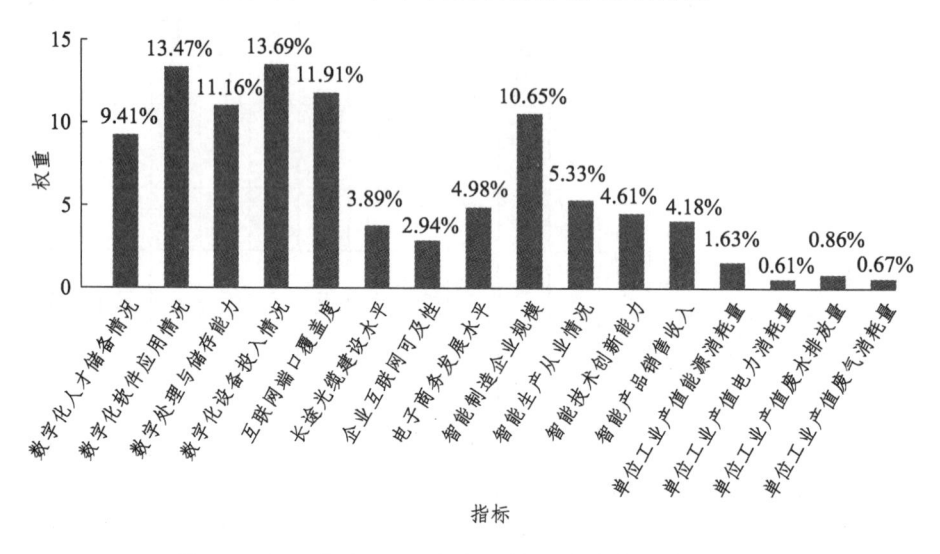

图4-1 2020年全国30个省区市16项指标对应的权重

使用熵权法对数字化人才储备情况等总共16个指标进行权重计算，从图中可以看出数字化人才储备情况、数字化软件应用情况、数字处理与存储能力、数字化设备投入情况、互联网端口覆盖度、长途光缆建设水平、企业互联网可及性、电子商务发展水平、智能制造企业规模、智能生产从业情况、智能技术创新能力、智能产品销售收入、单位工业产值能源消耗量、单位工业产值电力消耗量、单位工业产值废水排放量、单位工业产值废气消耗量共16项，它们的权重值分别是0.094，0.135，0.112，0.137，0.119，0.039，0.029，0.050，0.107，0.053，0.046，0.042，0.016，0.006，0.009，0.007。各指标权重大小有一定的差异，其中数字化设备投入情况的权重最高，为0.137，单位工业产值电力消耗量的权重最低，为0.006。

4.1.2 贡献测算总体情况

"互联网+"对江西制造业转型升级贡献度总体水平偏低，各分指标结构异化明显。如图4-2所示，水平线是"互联网+"对全国省级制造业转型升级贡献度平均水平，具体贡献度为0.227 6，北京以总贡献度0.654 1位居全国榜首，广东、江苏、上海紧随其后，其中9个省区市总贡献度在平均值之上，"互联网+"对江西制造业转型升级贡献度综合得分为0.120 5，位于全国第25名，比贡献度平均值低了0.107 1个点。整体来看，"互联网+"对江西制造业转型升级的贡献水平在全国范围内属于下游水平。

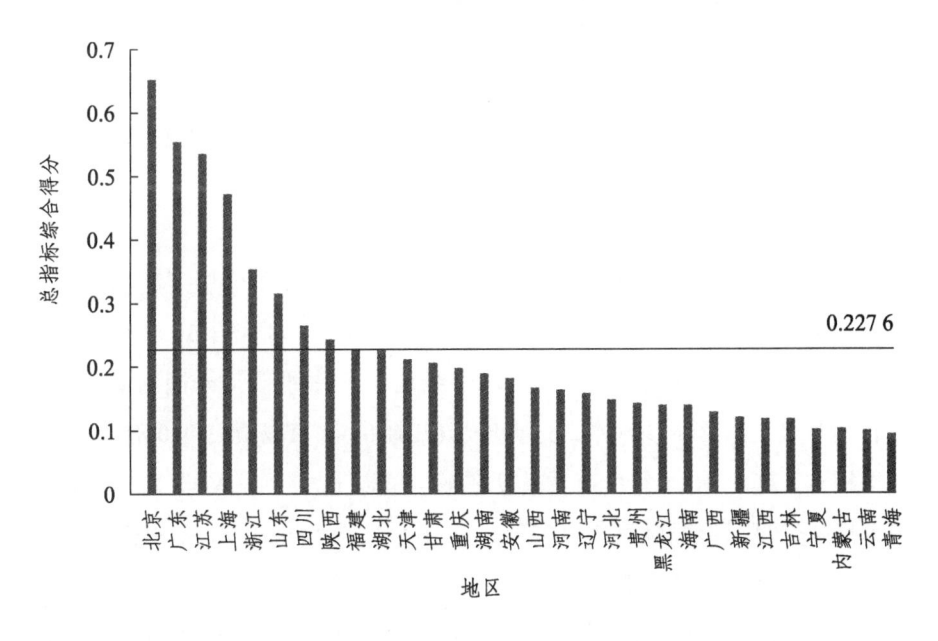

图4-2 "互联网+"对全国30个省区市制造业转型升级总贡献度

"互联网+"对江西制造业转型升级的作用还有很大的发挥空间，有可能成为实现弯道超车的重要引擎。差距并不意味着落后，而是还有很大的提升空间。图4-3展示了"互联网+"对江西制造业转型升级总贡献度在中部6省的情况（排名第6），仍需发力奋起直追，缩小差距，激发潜能。

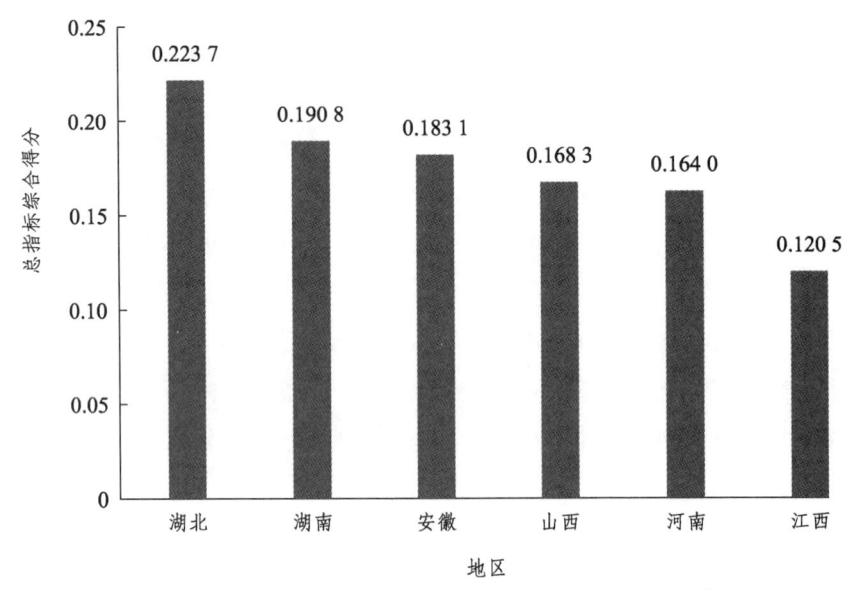

图 4-3 "互联网+"对中部 6 省制造业转型升级总贡献度

4.1.3 数字化贡献度测算情况

"互联网+"对江西制造业数字化转型升级贡献度处于中下游水平,反映后发优势将逐步凸显。图 4-4 展示了"互联网+"对全国 30 个省区市制造业数字化转型升级贡献度情况,水平线是"互联网+"对全国制造业数字化转型升级贡献度平均水平,贡献度为 0.181 0,北京以贡献度 0.815 2 位居全国榜首,其中 10 个省区市贡献度在平均值以上,"互联网+"对江西制造业数字化转型升级贡献度为 0.028 9,位于平均贡献度之下,全国排名第 23 位。图 4-5 展示了"互联网+"对江西制造业数字化转型升级贡献度在中部 6 省的情况,排名第 6 位,与第 5 位的山西省较为接近。无论从全国范围还是中部地区范围来看,"互联网+"对江西制造业数字化转型升级贡献度处于中下游水平,反映江西省制造业数字化转型升级水平较为低下。

"互联网+"对江西制造业数字化转型升级贡献度各分指标发展呈现一致化趋势。数字化人才储备情况、数字化软件应用情况、数字处理与存储能力、数字化设备投入情况等 4 个指标无量纲化后均呈现普遍偏低的状态。

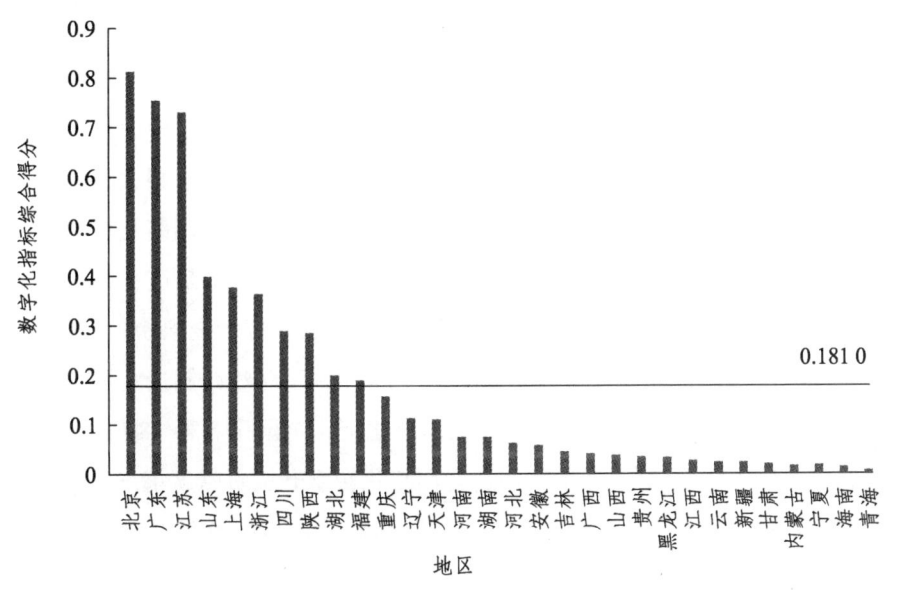

图 4-4 "互联网+"对全国 30 个省区市制造业数字化转型升级贡献度

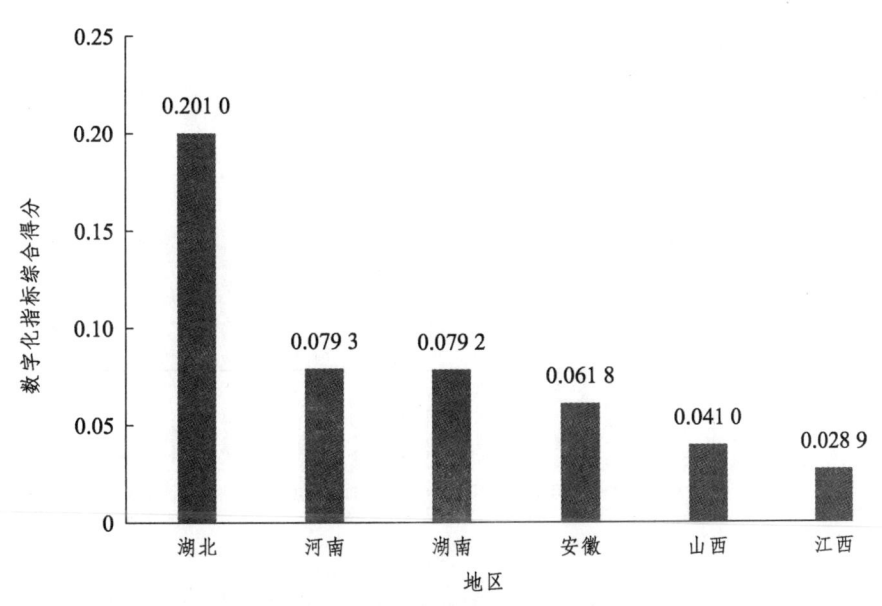

图 4-5 "互联网+"对中部 6 省制造业数字化转型升级贡献度

4.1.4　网络化贡献度测算情况

"互联网+"对江西省制造业网络化转型升级贡献度处于中游水平，但形势不容乐观，反映"互联网+"与江西制造业深度融合具有很大的提升空间。图 4-6 展示了"互联网+"对全国 30 个省区市制造业网络化转型升级贡献度测算情况，水平线是全国制造业网络化转型升级贡献度平均水平，具体贡献度为 0.201 8，上海以网络化贡献度 0.813 6 位居全国榜首，其中 9 个省区市网络化贡献度在平均值之上，"互联网+"对江西制造业网络化转型升级贡献度为 0.145 7，位于平均贡献度之下，全国排名第 18 位。图 4-7 展示了"互联网+"对中部地区制造业网络化转型升级贡献度情况，江西省在中部 6 省中排名第 6 位，与第 5 位的湖北差了 0.088。无论从全国范围还是中部地区范围来看，"互联网+"对江西制造业网络化转型升级贡献度水平处于中下游，反映江西制造业网络化转型升级仍然处于发力阶段。

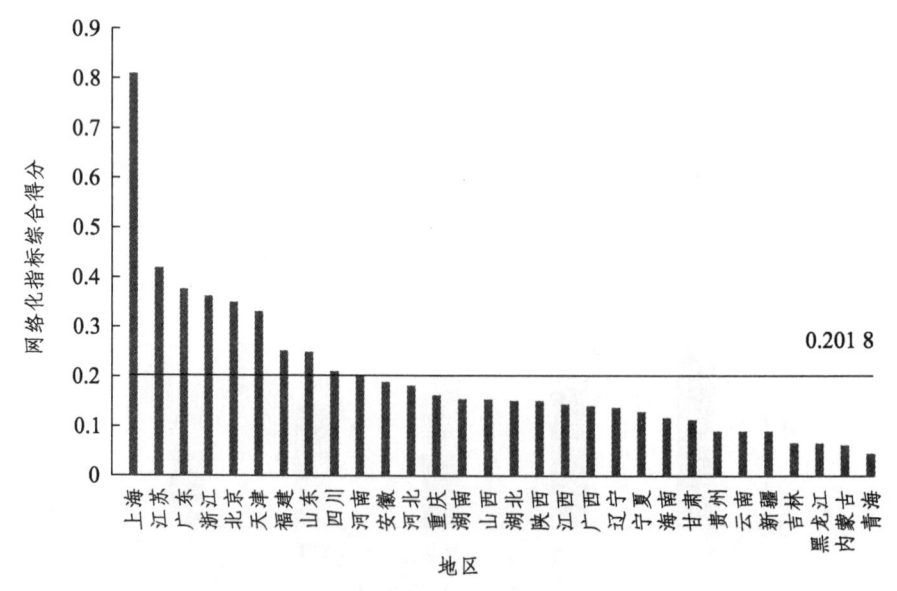

图 4-6　"互联网+"对全国 30 个省区市制造业网络化转型升级贡献度

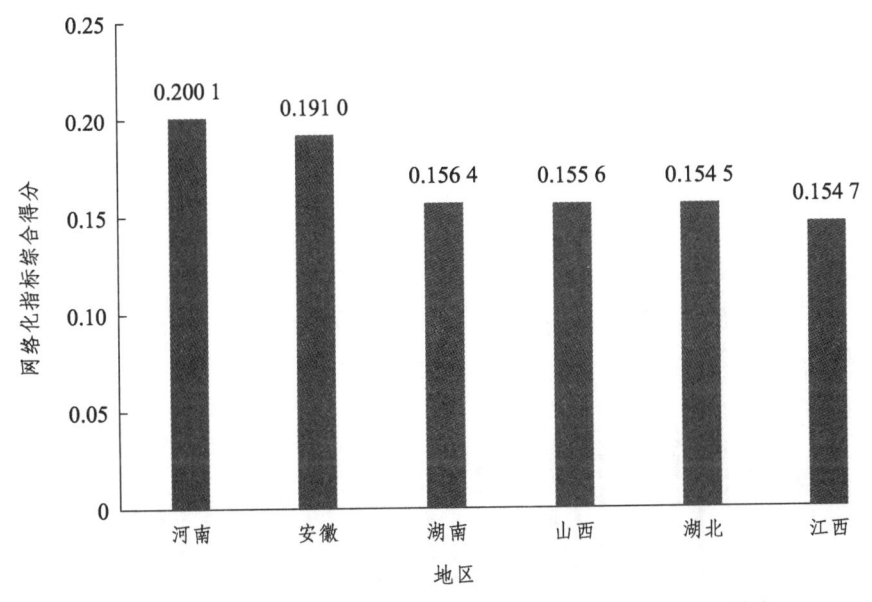

图 4-7 "互联网+"对中部 6 省制造业网络化转型升级贡献度

4.1.5 智能化贡献度测算情况

"互联网+"对江西制造业智能化转型升级贡献度水平相当落后，研发创新能力有待提高，数字赋能江西"制造"迈向"智造"任重道远。图 4-8 展示了"互联网+"对全国 31 个省区市制造业智能化转型升级贡献度测算情况，水平线是全国各省市制造业智能化转型升级贡献度平均水平，具体贡献度为 0.252 9，北京以智能化贡献度 0.592 8 位居全国榜首，其中 13 个省区市智能化贡献度在平均值以上，"互联网+"对江西制造业智能化转型升级贡献度为 0.149 2，位列全国第 28 位，比平均值低了 0.103 7。图 4-9 展示了"互联网+"对中部 6 省制造业智能化转型升级贡献度测算情况，江西省排名第 6 位，与第 5 位的河南差了 0.021，第 1 名的山西制造业智能化转型升级贡献度是江西的 2.6 倍。无论从全国范围还是中部地区范围来看，"互联网+"对江西制造业智能化转型升级贡献度都处于偏下游，反映江西制造业智能化转型升级发展水平严重不足。

"互联网+"对江西制造业智能化转型升级贡献度各分指标发展呈现一致偏低状态。智能制造企业规模、智能生产从业情况、智能技术创新能力等4个指标无量纲化后均呈现偏低的状态。

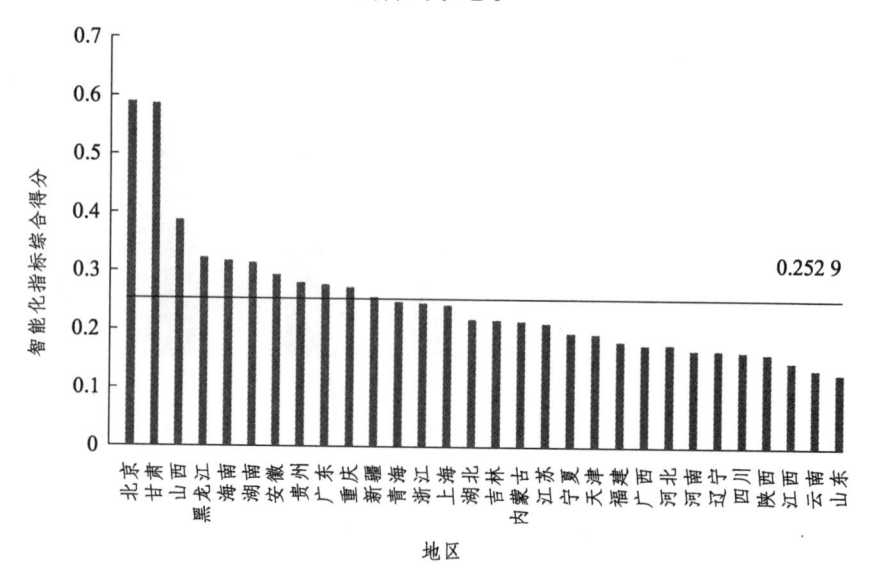

图 4-8 "互联网+"对全国 30 个省区市制造业智能化转型升级贡献度

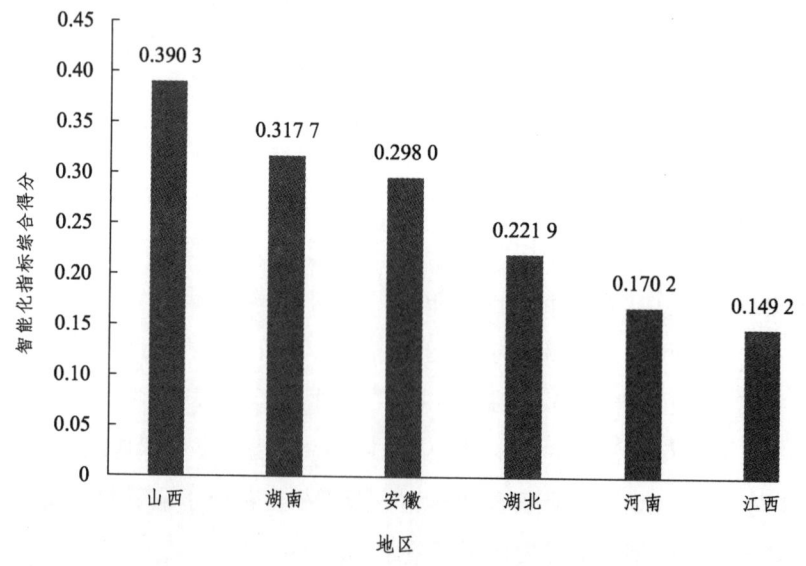

图 4-9 "互联网+"对中部 6 省制造业智能化转型升级贡献度

4.1.6 绿色化贡献度测算情况

"互联网+"对江西制造业绿色化转型升级贡献度水平尚可，整体处于中上游。这主要得益于江西省积极践行习近平总书记提出的"绿水青山就是金山银山"的发展理念。图 4-10 展示了"互联网+"对全国 30 个省区市制造业绿色化转型升级贡献测算情况，水平红线是全国制造业绿色化转型升级贡献度平均水平，具体贡献度为 0.813 5，湖南省以绿色化贡献度 0.987 6 位居全国榜首，广东省、上海市、江苏省紧随其后，其中 20 个省区市绿色化贡献度在平均值以上，"互联网+"对江西制造业绿色化转型升级贡献度为 0.933 5，位列全国第 9 位，比平均值高了 0.12。图 4-11 展示了"互联网+"对中部 6 省制造业绿色化转型升级贡献测算情况，江西省排名第 4 位，与第 3 名的湖北差了 0.036 5。综合来看，"互联网+"对江西制造业绿色化转型升级贡献度处于中上游水平，反映江西省积极践行"推动绿色发展，促进人与自然和谐共生"的发展理念，符合当前经济社会可持续发展目标。

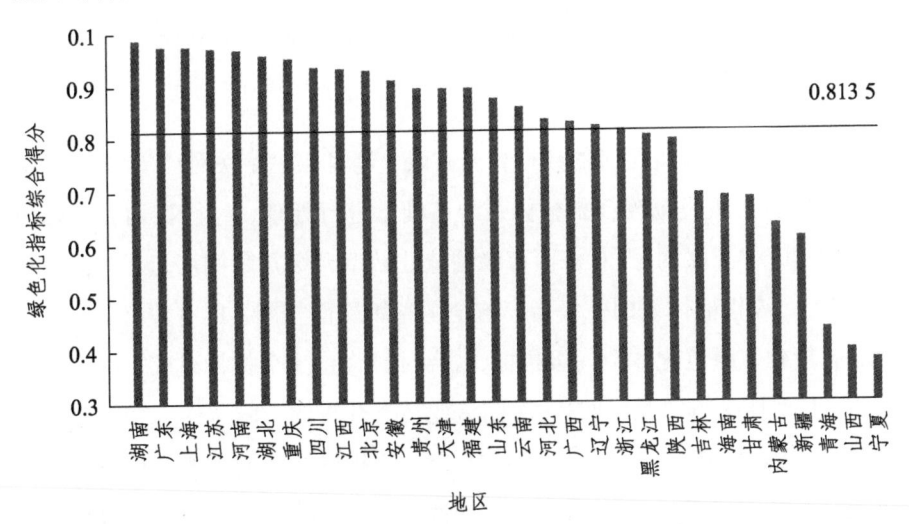

图 4-10 "互联网+"对全国 30 个省区市制造业绿色化转型升级贡献度

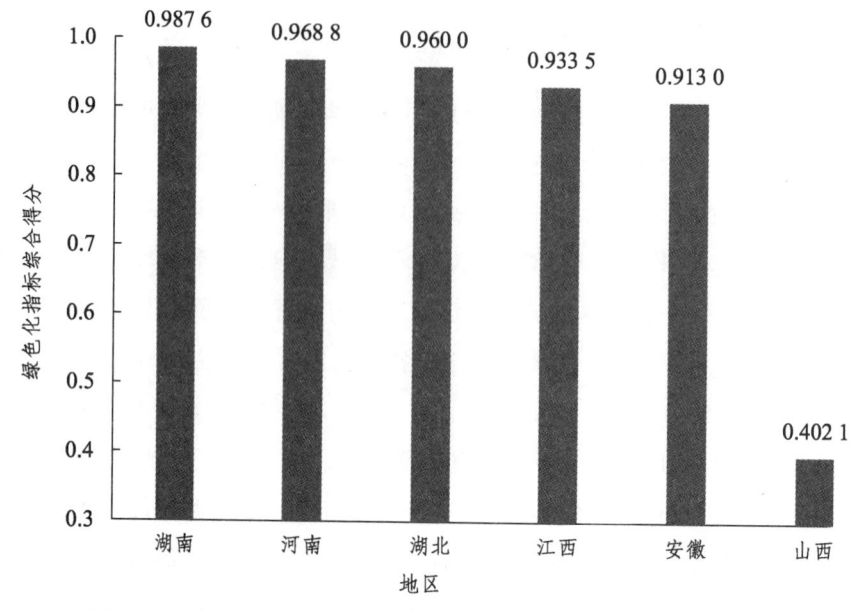

图 4-11 "互联网+"对中部 6 省制造业绿色化转型升级贡献度

4.2 "互联网+"对江西市级制造业转型升级的贡献测算与评价

由于江西省市级层面的数据相当有限，笔者在"互联网+"对全国省级制造业转型升级贡献测度指标体系的基础上进行处理，结合江西省实际情况，构建了"互联网+"对江西市级制造业转型升级贡献测度指标体系（见图 4-12）。该指标体系的一级指标与全国省级层面相同，即有数字化、网络化、智能化、绿色化 4 个一级指标，二级指标由 15 个指标组成，用来测算全省 11 个地级市"互联网+"对制造业转型升级的贡献水平，并结合测算结果进行评价。这 4 个一级指标、15 个二级指标从不同方面进行度量，整体上基本能够测算出"互联网+"对江西市级制造业转型升级的贡献度，并进行结果分析（见图 4-13）。

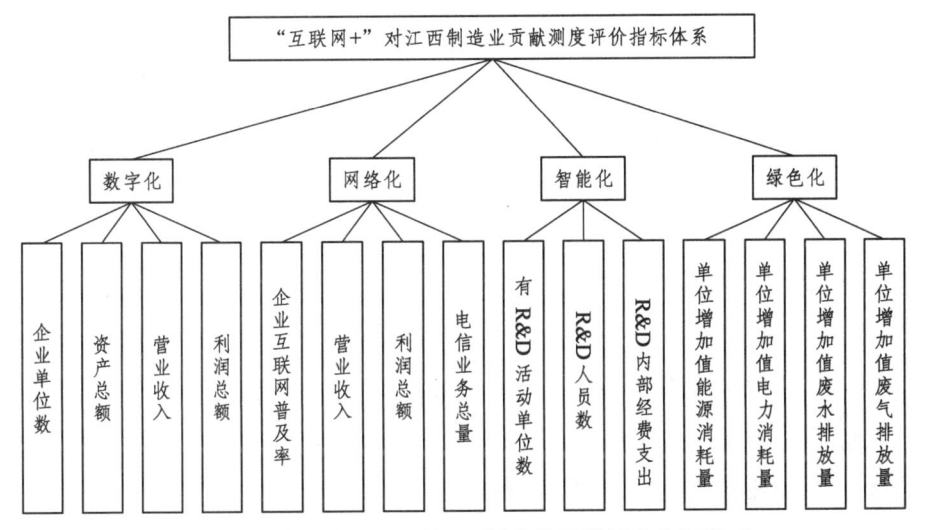

图 4-12 "互联网+"对江西制造业贡献测度指标体系

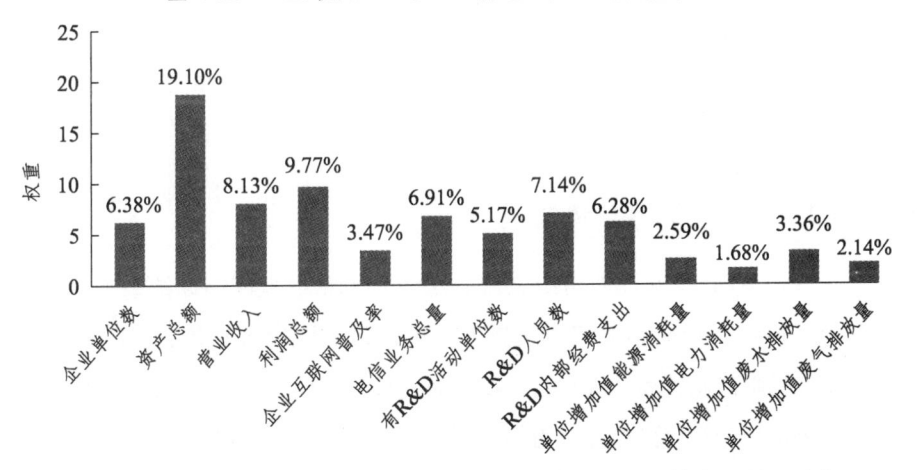

图 4-13 2020 年江西各地级市 15 项指标对应的权重（其中两项一致）

使用熵权法对企业单位数等 15 项指标进行权重计算，从图中可以看出：企业单位数、资产总额、营业收入、利润总额、企业互联网普及率、营业收入、利润总额、电信业务总量、有 R&D 活动单位数、R&D 人员数、R&D 内部经费支出、单位增加值能源消耗量、单位增加值电力消耗量、单位增加值废水排放量、单位增加值废气排放量总共 15 项，它们的权重值分别是 0.064、0.190、0.081、0.098、0.035、0.081、0.098、0.069、0.052、0.071、

0.063、0.026、0.017、0.034、0.021。各项间的权重大小有着一定的差异，其中资产总额的权重最高，为 0.190，单位增加值电力消耗量的权重最低，为 0.017。

4.2.1　数据来源及处理

数据来源于江西省统计局《江西统计年鉴》(2021)、江西省 11 个地级市统计局《统计年鉴》(2021)和工信部网站上 2020 年的相关数据，对于 2020 年个别指标缺失的情况，笔者采用该指标往年历史数据进行线性插值的办法进行补全。由于指标体系中的各个指标单位不尽相同，需要对他们进行无量纲化处理，笔者按照不同指标数据类型来选择不同的无量纲方式。首先，使用 SPSSAU 数据分析软件，对前 11 项指标进行正向化无量纲化处理；其次，对后 4 项指标进行逆向化无量纲化处理；最后，采用熵权法对企业单位数等 15 项指标进行权重计算。表 4-2 展示了 2020 年各地级市 15 个指标原始数据值。

4.2.2　贡献测算总体情况

从"互联网+"对江西市级制造业转型升级总贡献度测算结果来看，全省各地级市制造业转型升级总贡献度呈现四级梯队发展态势，"互联网+"对江西市级制造业转型升级平均贡献度为 0.318 0（见图 4-14）。其中南昌以贡献度 0.953 2 位居全省榜首，为第一梯队（贡献度综合得分大于 0.900 0）；赣州、上饶、吉安、宜春和九江高于全省平均贡献度，为第二梯队（贡献度综合得分为 0.331 1～0.430 7）；抚州、鹰潭接近全省平均贡献度，为第三梯队（贡献度综合得分为 0.182 7～0.225 1）；景德镇、萍乡和新余低于全省平均贡献度，为第四梯队（贡献度综合得分小于 0.150 0）。

从测算结果来看，处于第一梯队的南昌，"互联网+"对其制造业转型升级贡献度遥遥领先，其贡献度是赣州（排名第 2 位）的 2.2 倍，是新余（排名第 11 位）的 12.2 倍，充分彰显了省会城市的实力。

表 4-2 江西省各地级市 15 个指标原始数据值

城市	Y_1	Y_2	Y_3	Y_4	Y_5	Y_6	Y_7	Y_8	Y_9	Y_{10}	Y_{11}	Y_{12}	Y_{13}	Y_{14}	Y_{15}
南昌	42	836 996.2	340 596.7	59 517.1	0.065	450 222.8	14 575	702.7	461	23 788	700 102	0.087	0.174	0.519	0.258
景德镇	7	7 568.9	31 517.4	2 700.2	0.048	41 661.7	661.2	141.9	140	5 562	145 142	0.285	0.042	2.145	0.811
萍乡	4	21 873.7	20 082.7	1 320.5	0.029	26 546.6	323.4	134.9	330	9 553	125 622	0.601	0.06	0.263	2.266
九江	18	37 313.2	91 827.9	19 451.2	0.041	121 384.1	4 763.4	376.4	690	16 934	404 528	0.337	0.047	2.706	0.976
新余	4	5 847.5	16 593	1 564.9	0.042	21 933.7	383.2	105.0	97	5 450	161 832	0.461	0.053	1.378	1.073
鹰潭	8	13 022.0	45 224.8	2 775.2	0.072	59 781.1	679.6	85.9	162	5 451	236 930	0.110	0.015	0.356	0.330
赣州	23	97 759.9	100 780	17 420.3	0.038	133 217.6	4266	687.9	1 002	18 041	435 834	0.125	0.041	1.921	1.018
吉安	23	51 401.7	93 004.7	14 464.5	0.070	122 939.6	3 542.2	275.0	601	18 573	289 687	0.135	0.031	0.981	0.491
宜春	21	99 213.5	85 093.6	14 195.4	0.059	112 482.2	3 476.3	359.8	650	16 253	380 362	0.316	0.058	1.089	1.486
抚州	15	31 338.0	77 836.4	7 492.1	0.053	102 889.2	1 834.7	245.0	378	8 582	208 322	0.223	0.042	1.329	1.050
上饶	25	44 412.9	151 495.8	17 880.9	0.063	200 256.9	4 378.8	425.0	570	11 986	371 857	0.332	0.041	2.079	0.720

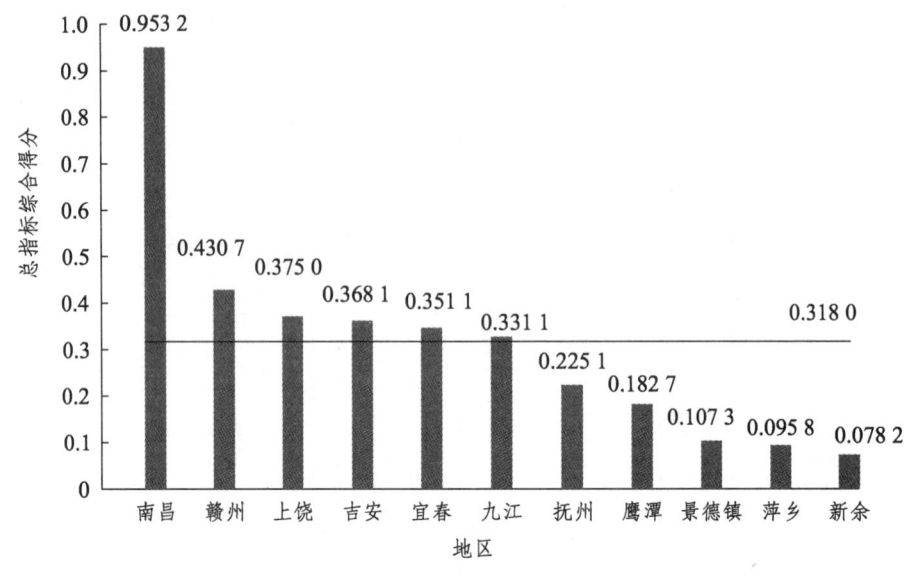

图 4-14 "互联网+"对江西各地级市制造业转型升级总贡献度

4.2.3 数字化贡献度测算情况

数字化贡献度反映的是江西各地级市制造业数字化转型水平，制造业企业数字赋能情况，体现了制造业企业数据要素的支撑能力。从测算结果可以看出（见图 4-15），相较于"互联网+"对江西各地级市制造业转型升级总体贡献度而言，各市数字化贡献度悬殊除省会南昌外，悬殊不太大，全省数字化平均贡献度为 0.214 9，有近一半的地级市没有达到平均水平，其中南昌以贡献度 1.01 位居全省榜首，上饶、赣州位居第 2、3 名，宜春与平均贡献度基本持平，吉安、九江接近全省平均贡献度，而抚州、鹰潭、景德镇、萍乡和新余则在全省平均贡献度以下。在未达到平均贡献度水平的几个城市中，有些城市的"互联网+制造业"深度融合做得非常有特色，但它们在该指标上的得分较低，一个重要的原因是这些地区的辖区面积较小、人口较少，数字化贡献度偏低是必然的。

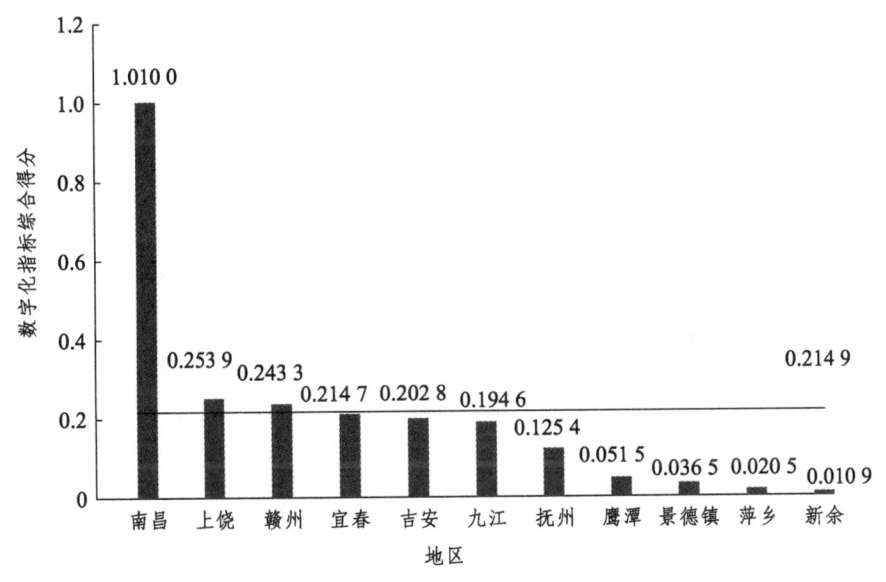

图 4-15 "互联网+"对江西各市制造业数字化转型升级贡献度

4.2.4 网络化贡献度测算情况

从测算结果来看（见图 4-16），"互联网+"对江西省各地级市制造业网络化转型升级贡献度存在较大差异，居于榜首的南昌在该项一级指标上的综合得分高达 0.990 0，是上饶（排名第 2 位）的 2.2 倍，是萍乡（排名第 11 位）的 30.5 倍。"互联网+"对江西省各地级市制造业网络化转型升级贡献度的平均值为 0.319 4。其中，南昌、上饶、赣州、吉安、宜春和九江等 6 个地级市在该指标上的得分超过了平均贡献度，抚州在该指标上的得分接近全省各地级市平均贡献度，而鹰潭、景德镇、新余和萍乡等 4 个地级市在"互联网+"对制造业网络化转型升级贡献度上低于全省平均贡献度，且景德镇、新余和萍乡等 3 个地级市该指标的贡献度综合得分不及全省平均水平的 1/8。在贡献度水平低于平均贡献度水平的城市中，人口相对较少、经济体量总体较小是导致网络化贡献度的一个主要因素。

在计算网络化指标权重过程中，值得一提的是，进行数据处理时，从"互联网+"对江西各地级市制造业网络化转型升级贡献度中的 4 个指标无量纲化后的对比情况可以看出,由于鹰潭市人口数量是全省最少的,它在网络化一级指标中,尤其是企业互联网普及率二级指标上不占优势。但是鹰潭市近年来大力发展物联网和5G技术,其互联网和相关服务的营业收入和利润总额都不低,企业可以在制造业转型过程中获得先机,所以"互联网+"对江西各地级市制造业网络化转型升级贡献度的测算中,鹰潭能在网络化指标上超过景德镇、新余和萍乡3个城市。

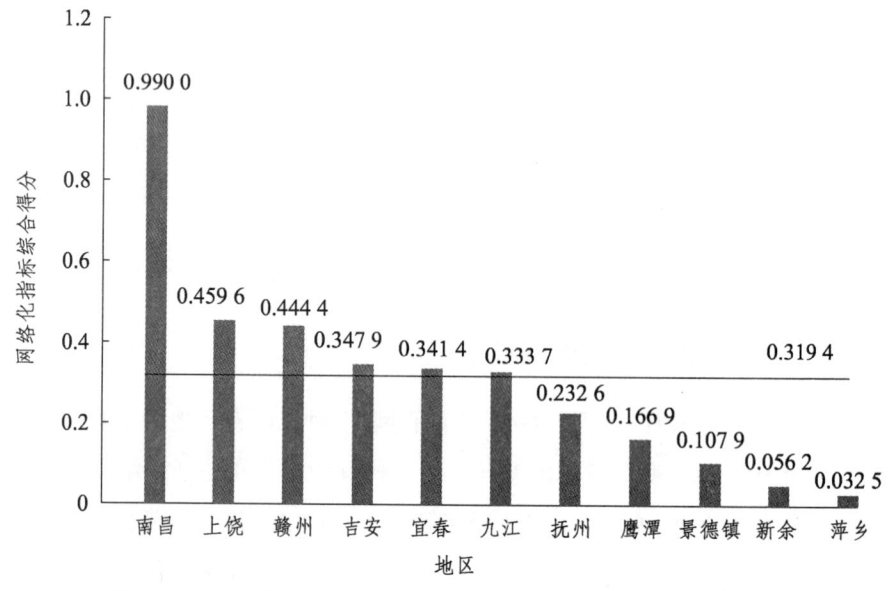

图4-16 "互联网+"对江西各市制造业网络化转型升级贡献度

4.2.5 智能化贡献度测算情况

根据测算结果(见图4-17),"互联网+"对江西各地级市制造业智能化转型升级贡献度的差异也非常大。居于榜首的南昌在该指标上的得分达到0.843 8,领先于其他城市,比赣州(排名第2位)多了0.109 6,是新余(排名第11位)的27倍。"互联网+"对江西各地级市制造业智能化转型升级贡献度的平均值为0.386 0,其中,南昌、赣州、九江、宜春、吉安和上饶等地的智能化指标贡献度在平均值以上,抚州市制造业智能化贡献度比较接近全省制造业智能化平均贡献度，而萍乡、鹰潭、景德镇和新余等地在制造业智能化贡献度水平上低于全省平均水平，且鹰潭、景德镇和新余等3个地级市该指标的得分不及全省平均水平的1/3。笔者计算该指标下3个二级指标时的权重及无量纲化后的对比情况显示，抚州和萍乡两市的R&D人员数比较少，拉低了两个城市该项指标整体贡献度的数值。

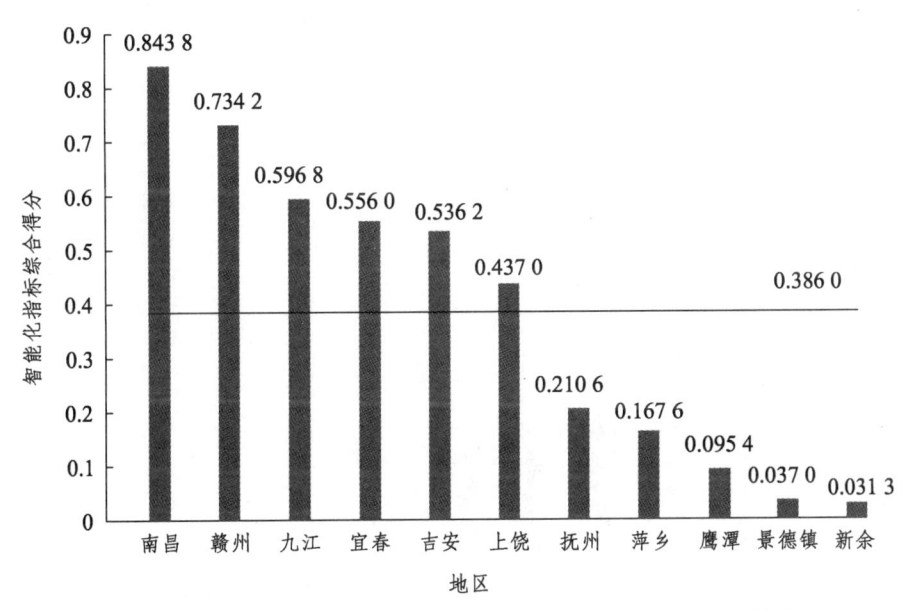

图 4-17 "互联网+"对江西各市制造业智能化转型升级贡献度

4.2.6 绿色化贡献度测算情况

与"互联网+"对江西各地级市制造业数字化转型升级、网络化转型升级这两个指标相比，"互联网+"对江西各地级市制造业绿色化转型升级贡献度水平差异相对较小（见图4-18）。根据测算结果，"互联网+"对江西制造业绿色化转型升级贡献度的平均值为0.6428，鹰潭以绿色化指标贡献度0.9772位居全省榜首，除此之外仅有吉安、南昌、抚州和赣州的绿色化指标贡献度超过了全省的平均贡献水平，而宜春、景德镇等6市的绿色化指标贡献度均低于全省的平均水平。鹰潭和吉安在绿色化指标贡献度水平上的表现较为突出,反超南昌,跃升到了第一、二位;而上饶市绿色化指标贡献度相比同类城市较低,处于落后地位。结合测算"互联网+"对江西各地级市制造业绿色化贡献度 4 个二级指标权重前的无量纲化情况,可以看出,鹰潭市的单位增加值能源消耗量、单位增加值电力消耗量、单位增加值废水排放量和单位增加值废气排放量都比较低,提高了该市的绿色化指标贡献度,而九江市的单位增加值能源消耗量、单位增加值电力消耗量、单位增加值废水排放量和单位增加值废气排放量都比较高,使该市的绿色化指标贡献度较低。

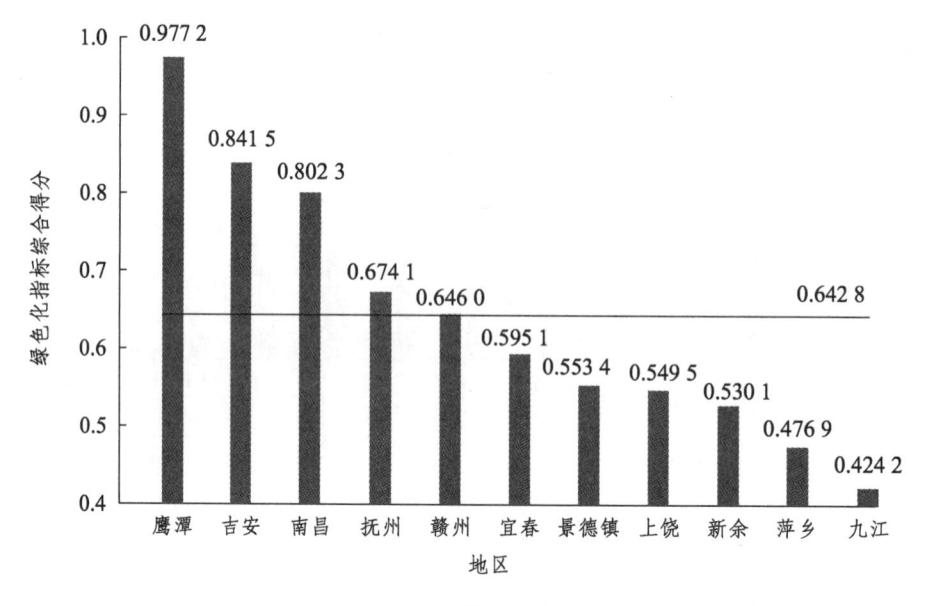

图 4-18 "互联网+"对江西各市制造业绿色化转型升级贡献度

4.3 "互联网+"对江西制造业细分行业转型升级的贡献测算与评价

《国民经济行业分类》国家标准在 1984 年首次发布后,分别于 1994 年、2002 年、2011 年、2017 年进行了修订。由于 2002 年以前的产业标准分类与后续修订版的差异较大，难以进行拆分或合并，为保证可比性，将研究区间设定为 2020—2021 年。同时对部分产业进行合并统一，将 2020—2021 年的橡胶制品业和塑料制品业合并为"橡胶塑料业"，2020—2021 年的汽车制造业与铁路、船舶、航空航天和其他运输设备制造业合并为"运输设备业"，共得到 30 个二分位数制造业行业。根据中华人民共和国国家标准 GB/T 4754—2017，将"废弃资源综合利用业"和"金属制品、机械和设备修理业"进行剔除，故以 28 个二分位数制造业行业为考察对象。为了行文直观，将 28 个行业名称在文中使用简称，对应简称依次为：食品加工业、食品制造业、饮料制造业、烟草制品业、纺织业、纺织服装业、皮毛制品业、木材加工业、家具制造业、造纸制品业、印刷业、文教体育业、石油加工业、化学制品业、医药制造业、化学纤维业、橡胶塑料业、非金属矿物业、黑色金属业、有色金属业、金属制品业、通用设备业、专用设备业、运输设备业、电气机械业、通信设备业、仪器仪表业、工艺品及其他制造业。

由于江西省制造业细分行业的数据相当有限，我们在"互联网+"对江西各地级市制造业转型升级贡献测度指标体系的基础上进行处理，结合制造业实际情况，构建了"互联网+"对江西制造业细分行业转型升级贡献测度指标体系（见图 4-19）。该指标体系的一级指标同江西市级层面相同，即由数字化、网络化、智能化、绿色化 4 个组成。但由于制造业细分行业的智能化指标数据严重缺失，为便于测算，将"智能化"指标剔除，保留数字化、网络化和绿色化 3 个一级指标。二级指标相对细分行业来看，共由 12 个指标组成，用来测算全省"互联网+"对制造业细分行业转型升级的贡献水平，并结合测算结果进行评价。这 3 个一级指标、12 个二级指标从不同方面进行刻画，整体上基本能够测算出"互联网+"对江西市级制造业转型升级的贡献度，并进行结果分析（见图 4-20）。

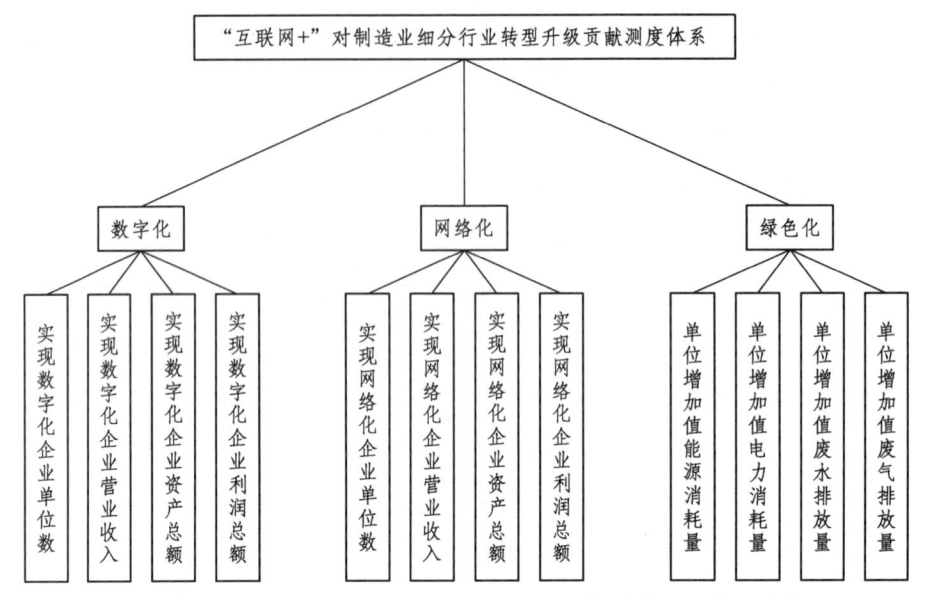

图 4-19 "互联网+"对江西制造业细分行业转型升级贡献测度体系

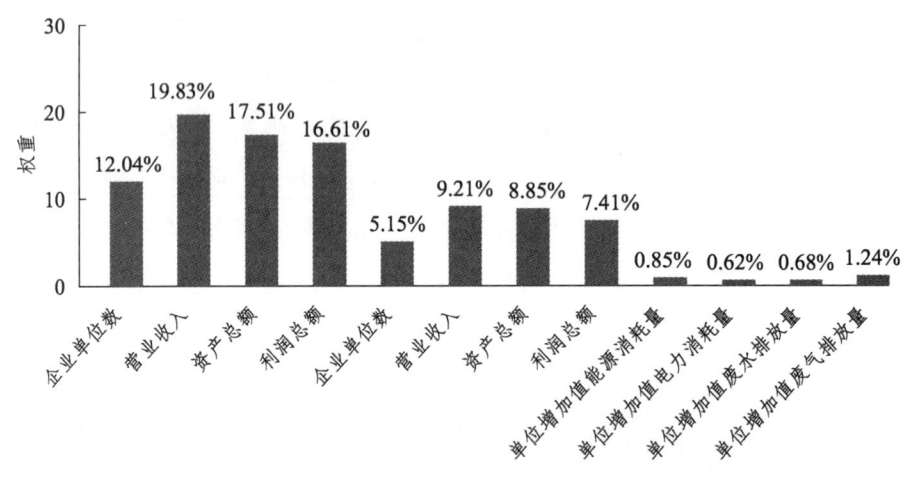

图 4-20 2020 年江西制造业细分行业 12 项指标对应的权重

使用熵权法对企业单位数等总共 12 项指标进行权重计算,从图中可以看出:企业单位数(实现数字化)、营业收入(实现数字化企业)、资产总额(实现数字化企业)、利润总额(实现数字化企业)、企业单位数(实现网络化)、营业收入(实现网络化企业)、资产总额(实现网络化企业)、利润总额（实现网络化企业）、单位增加值能源消耗量、单位增加值电力消耗量、单位增加值废水排放量、单位增加值废气排放量总共12项，它们的权重值分别是 0.120，0.200，0.180，0.170，0.052，0.092，0.089，0.074，0.009，0.006，0.007，0.012。各项间的权重大小有一定的差异，其中营业收入这项的权重最高为 0.200，以及单位增加值电力消耗量这项的权重最低为 0.006。

4.3.1 数据来源及处理

数据来源于江西统计局《江西统计年鉴》（2021）、江西省11个地级市统计局《统计年鉴》（2021）和工信部网站上2020年的相关数据，对于2020年个别指标缺失的情况，我们采用该指标往年历史数据进行线性插值的办法进行补全。由于指标体系中的各个指标单位不尽相同，需要对他们进行无量纲化处理，笔者按照不同指标数据类型来选择不同的无量纲方式。首先，使用 SPSSAU 数据分析软件，对前 8 项指标进行正向化无量纲化处理；其次，对后 4 项指标进行逆向化无量纲化处理；最后，采用熵权法对企业单位数等共 12 项指标进行权重计算。表 4-3 展示了 2020 年江西省制造业细分行业的 12 个指标原始数据。

4.3.2 贡献测算总体情况

从"互联网+"对江西制造业细分行业转型升级总贡献度测算结果来看，全省制造业细分行业转型升级总贡献度呈现四级梯队发展态势，"互联网+"对江西制造业细分行业转型升级平均贡献度为 0.173 4（见图4-21）。其中有色金属业以贡献度 0.808 4 位居制造业细分行业榜首，为第一梯队（贡献度综合得分大于 0.800 0）；非金属矿物业、运输设备业、黑色金属业、通信设备业、电气机械业、化学制品业、医药制造业、通用设备业和食品加工业高于细分行业平均贡献度，为第二梯队（贡献度综合得分为 0.181 3~0.602 7）；石油加工业、金属制品业、烟草制品业和纺织服装业接近细分行业平均贡献度，为第三梯队（贡献度综合得分为 0.113 7~0.121 8）；专用设备业、

表 4-3 江西省制造业细分行业 12 个指标原始数值

行业	Z_1	Z_2	Z_3	Z_4	Z_5	Z_6	Z_7	Z_8	Z_9	Z_{10}	Z_{11}	Z_{12}
食品加工业	14	251 638	85 355	13 549	612	17 995 482	15 207 263	1 705 900	0.042	0.01	0.617	0.042
食品制造业	6	94 338	90 900	9 060	245	3 617 922	2 610 745	347 230	0.19	0.037	2.789	0.393
饮料制造业	7	171 864	269 522	28 835	141	2 549 328	2 768 697	343 751	0.054	0.01	1.999	0.051
烟草制品业	2	2 266 751	1 713 422	148 703	2	2 266 751	1 713 422	148 703	0.023	0.006	0.053	0.122
纺织业	2	40 240	12 585	1 150	640	7 613 360	4 144 515	476 275	0.181	0.056	3.237	0.452
纺织服装业	9	161 462	187 078	5 573	896	8 175 113	3 491 107	587 009	0.055	0.018	0.402	0.008
皮毛制品业	1	8 960	10 087	178	335	4 987 608	2 924 279	438 186	0.055	0.016	0.367	0.128
木材加工业	1	13 564	13 623	21	394	3 063 039	1 736 540	188 574	0.193	0.058	0.262	0.48
家具制造业	3	160 178.2	204 015	9 770	676	4 892 295	3 126 773	337 425	0.073	0.022	0.071	3.169
造纸制品业	2	69 506	68 673	7 505	190	3 784 365	3 172 964	357 566	0.281	0.037	13.06	0.54
印刷业	10	416 864	518 961	43 073	182	2 630 078	1 628 394	241 405	0.043	0.010	0.059	0.155
文教体育业	1	187 805	24 607	23 897	311	5 133 398	2 988 930	443 419	0.043	0.013	0.167	0.054
石油加工业	2	4 711 930	3 073 594	35 390	85	5 601 686	3 538 403	18 592	0.705	0.025	2.741	0.63
化学制品业	23	688 356	852 745	82 762	1 000	17 143 016	14 594 574	1 544 105	0.160	0.032	2.433	1.11
医药制造业	9	1 302 597	3 131 030	114 790	430	13 215 935	12 229 924	1 386 235	0.056	0.011	0.946	0.134

续表

行业	Z_1	Z_2	Z_3	Z_4	Z_5	Z_6	Z_7	Z_8	Z_9	Z_{10}	Z_{11}	Z_{12}
化学纤维业	10	688 000	850 000	82 000	29	1 237 627	1 289 800	28 652	0.637	0.030	31.03	0.951
橡胶塑料业	6	57 663	63 042	3 931	436	7 200 807	4 237 558	714 835	0.213	0.045	0.329	1.12
非金属矿物业	106	4 192 396	4 109 723	735 791	1 753	30 106 958	22 634 160	3 262 552	0.737	0.074	0.209	2.864
黑色金属业	3	8 019 752	5 810 949	341 407	101	17 200 915	11 273 198	1 115 891	1.218	0.080	1.163	3.841
有色金属业	37	31 398 046	19 347 927	432 997	649	71 339 490	33 602 760	2 460 893	0.074	0.016	0.643	0.219
金属制品业	11	440 656	498 842	9 426	520	10 770 112	5 450 481	682 905	0.217	0.068	0.560	0.24
通用设备业	13	2 303 305	2 101 762	161 126	423	9 317 326	6 309 523	735 626	0.036	0.010	0.170	0.073
专用设备业	8	72 333	111 181	3 796	389	5 992 014	4 850 085	514 213	0.038	0.010	0.189	0.046
运输设备业	22	10 558 908	11 192 777	9 160	399	17 970 827	18 935 327	396 374	0.025	0.007	0.177	0.046
电气机械业	9	255 854	201 146	7 196	794	31 626 326	23 817 210	1 629 035	0.035	0.011	0.365	0.128
通信设备业	11	527 680	519 449	15 512	888	40 705 776	34 464 626	2 007 603	0.061	0.020	0.972	0.261
仪器仪表业	3	105 181	347 100	4 993	111	1 682 306	1 713 012	145 013	0.038	0.012	0.261	0.002
其他制造业	11	527 281	479 432	17 438	76	653 256	372 114	33 281	2.008	0.664	0.726	0.978

橡胶塑料业、纺织业、印刷业、文教体育业、家具制造业、饮料制造业、化学纤维业、皮毛制品业、食品制造业、造纸制品业、木材加工业、仪器仪表业和其他制造业低于细分行业平均贡献度（贡献度综合得分小于0.095）。

从测算结果来看，处于第一梯队的有色金属业，"互联网+"对其转型升级贡献度遥遥领先，其贡献度比非金属矿物业（排名第2位）高0.205 6，是运输设备业（排名第3位）的2.46倍，充分显示出"互联网+"与有色金属业融合的深度。作为高科技产业，有色金属业有互联网信息技术的加持，更加凸显自身的行业优势。

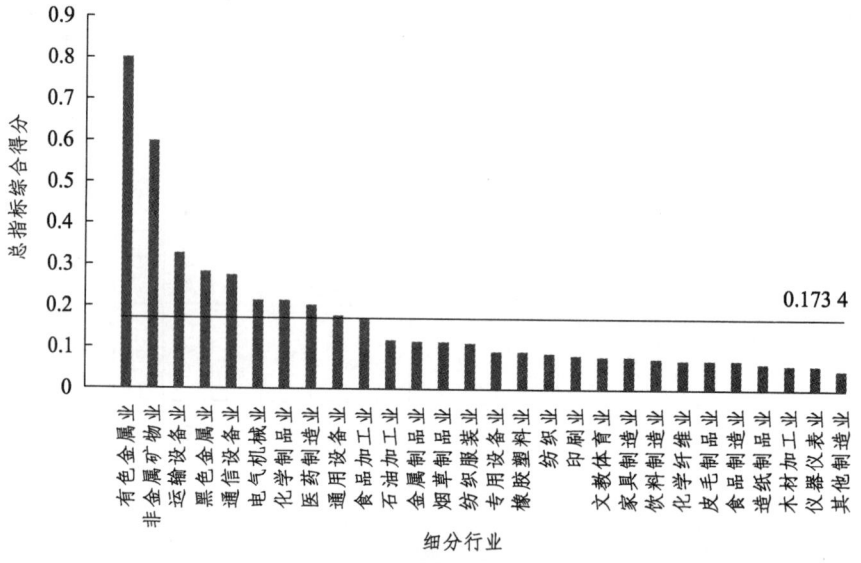

图 4-21 "互联网+"对江西制造业细分行业转型升级总贡献度

4.3.3 数字化贡献度测算情况

数字化贡献度是衡量"互联网+"对江西制造业细分行业转型升级的重要指标之一。"互联网+"对细分行业转型升级主要体现在互联网信息技术创新等方面，特别是对高度化转型升级阶段的细分行业，技术创新与进步对互联网的依赖程度不言而喻。从测算结果可以看出（见图4-22），相较于

"互联网+"对江西制造业细分行业转型升级总体贡献度而言，各细分行业数字化贡献度排名前4的没有什么差别，第4名往后排名各有千秋。全省制造业细分行业数字化平均贡献度为0.109 2，有近一大半的制造业细分行业数字化贡献度没有达到平均水平，其中有色金属业以数字化贡献度0.787位居全省制造业细分行业榜首，非金属矿物业位居第2名，运输设备业与黑色金属业数字化贡献度基本持平，通用设备业、医药制造业和石油加工业数字化贡献度超过全省制造业细分行业平均贡献度，烟草制品业、化学制品业和化学纤维业接近全省制造业细分行业数字化平均贡献度，而印刷业和其他制造业则在全省制造业细分行业数字化平均贡献度以下。

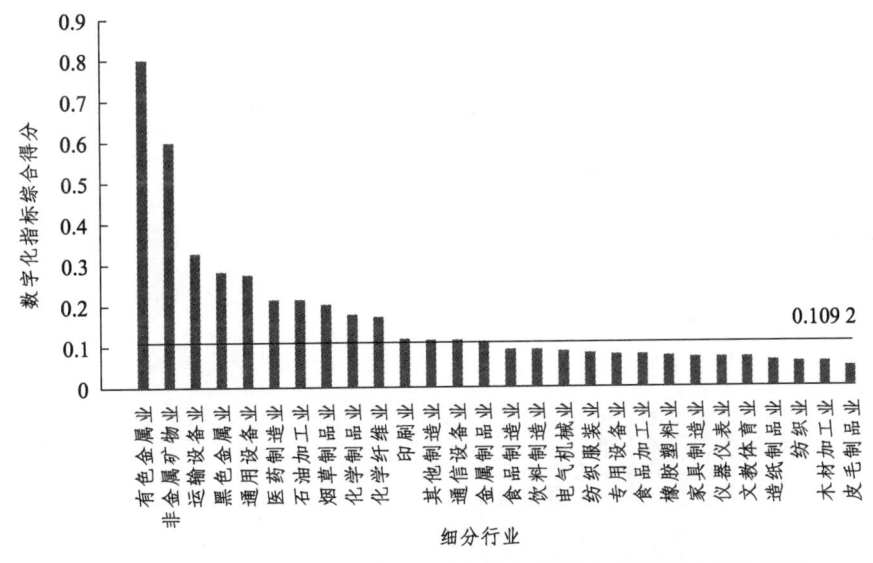

图4-22 "互联网+"对江西制造业细分行业数字化转型升级贡献度

4.3.4 网络化贡献度测算情况

从测算结果来看（见图4-23），"互联网+"对江西省制造业细分行业网络化转型升级贡献度存在较大差异，居于榜首的有色金属业在该项一级指标上综合得分高达0.803 7，比非金属矿物业（排名第2位）高出0.102 5，是化学制品业（排名第5位）的2倍。"互联网+"对江西省制造业细分行业网络化转型升级贡献度的平均值为 0.232 6。其中，有色金属业、非金属矿物业、通信设备业、电气机械业、化学制品业、食品加工业、运输设备业、医药制造业和黑色金属业等 9 个制造业行业在该指标上的得分超过了网络化平均贡献度，纺织服装业、金属制品业和通用设备业在该指标上的得分接近全省制造业细分行业网络化平均贡献度，而纺织业、橡胶塑料业、专用设备业、家具制造业、皮毛制品业、文教体育业、造纸制品业、食品制造业、木材加工业、饮料制造业、石油加工业、印刷业、仪器仪表业、烟草制品业、化学纤维业和其他制造业等 16 个制造业行业在"互联网+"对江西省制造业细分行业网络化转型升级贡献度上低于全省平均贡献度，且烟草制品业、化学纤维业和其他制造业等 3 个制造业行业在该指标的贡献度综合得分不及全省制造业细分行业平均水平的 1/6。在贡献度水平低于平均贡献度水平的行业中，原材料加工行业中原材料占主导地位、实体经济体量总体较大是导致网络化贡献度低的一个主要因素。

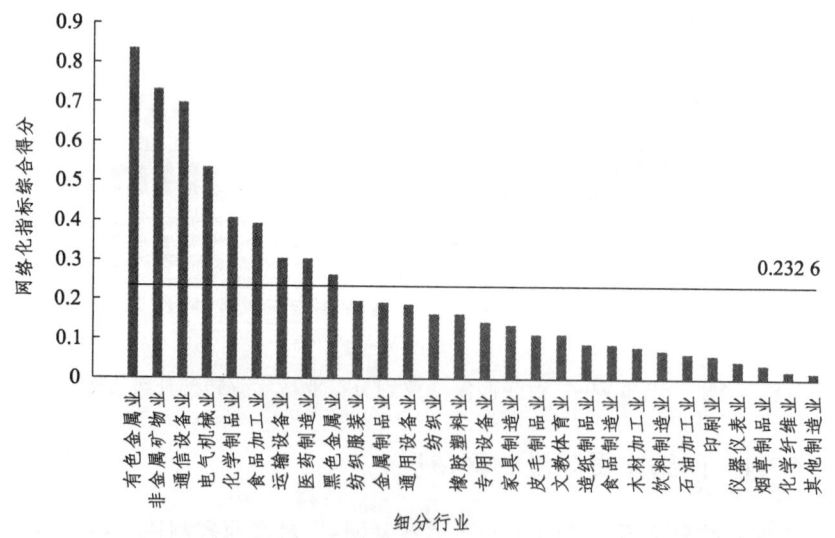

图 4-23 "互联网+"对江西制造业细分行业网络化转型升级贡献度

4.3.5 绿色化贡献度测算情况

与"互联网+"对江西省制造业细分行业数字化转型升级、网络化转型升级这两个指标相比,对江西制造业细分行业绿色化转型升级贡献度水平差异相对较小(见图 4-24)。根据测算结果,"互联网+"对江西制造业细分行业绿色化转型升级贡献度的平均值为 0.889 9,仪器仪表业以绿色化指标贡献度 1.005 0,位居全省制造业细分行业榜首。除此之外,大多数制造业行业的绿色化指标贡献度超过了全省制造业细分行业的平均贡献水平,而橡胶塑料业、化学制品业、石油加工业、造纸制品业、家具制造业、化学纤维业、非金属矿物业、黑色金属业和其他制造业等 9 个制造业行业的绿色化指标贡献度均低于全省制造业细分行业的平均水平。从测算结果可以看出,大多数科技含量高的制造业行业都具有绿色化指标贡献度接近于 1 的状态,原因在于这类制造业行业因为使用互联网信息技术等手段增加科技投入,自然单位增加值能源消耗量、单位增加值电力消耗量、单位增加值废水排放量和单位增加值废气排放量就低了。也就是说,技术创新与制造业细分行业绿色化指标呈正相关关系,信息技术越高精尖,驱动要素消耗量越低,绿色化贡献度越高。

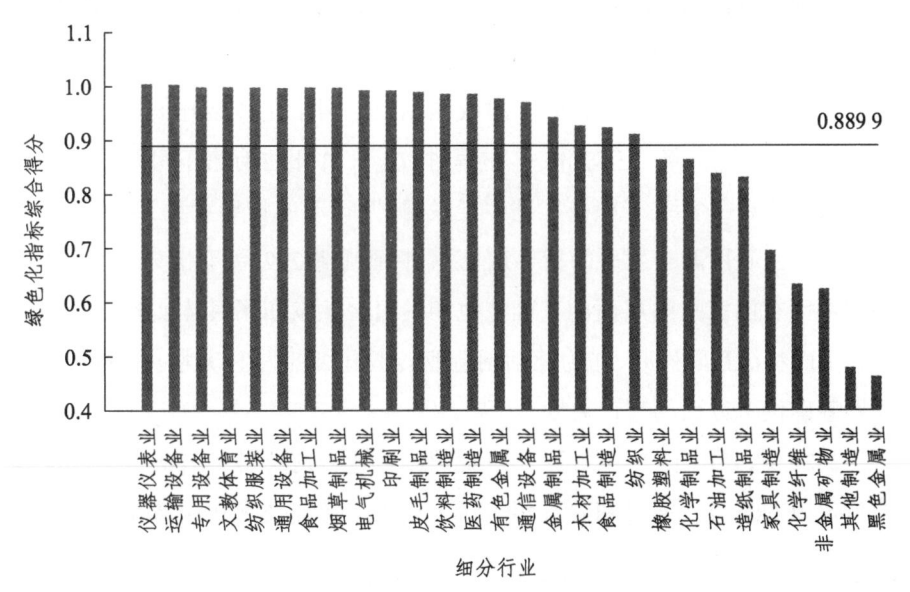

图 4-24 "互联网+"对江西制造业细分行业绿色化转型升级贡献度

4.4 "互联网+"对江西制造业转型升级的贡献测算结果与分析

4.4.1 总体态势分析

本书选取 2020—2021 年的数据作为样本分析区间，运用熵权法，从数字化、网络化、智能化、绿色化 4 个维度测算"互联网+"对江西制造业转型升级的贡献度演变趋势，并进行分析判断，对省际、市际和行业进行比较分析，进而探讨其背后的深层次原因。

2020—2021 年"互联网+"对我国制造业数字化转型升级贡献度不断提高，呈现出持续向好的发展态势，数字化技术广泛应用于制造业生产过程中，很多制造业企业对数字化研发设计工具、数字化生产装备、信息系统集成与优化管理软件等方面的需求大幅度上升。全国两化融合平台实时监测数据显示，截至 2020 年第一季度，我国制造业数字化研发设计工具普及率达到了 70.8%，关键工序数控化率上升到 50.5%，可见"互联网+"对我国制造业数字化转型升级已见成效。[①]

2020—2021 年"互联网+"对我国制造业网络化转型升级贡献度持续上升，这与 2015 年"互联网+"被写进政府工作报告有密不可分的关系。国家层面出台了《关于积极推进"互联网+"行动的指导意见》《关于深化制造业与互联网融合发展的指导意见》《中国制造 2025》等相关文件。全国各省市区在国家战略层面的基础上也相继出台并发布了具体实施方案和细则，全面将"互联网+"作为驱动制造业转型升级的内生动力，不断加大互联网基础设施方面的建设力度。

2020—2021 年"互联网+"对我国制造业智能化转型升级贡献度保持稳步发展的态势，而且随着近年来新一代人工智能技术在制造业中的广泛

---

① 罗序斌，黄亮. 中国制造业高质量转型升级水平测度与省际比较[J]. 经济问题，2020（12）：43-52.

应用，以及大数据、互联网、移动通信、云计算等技术手段的更新换代，加上《促进新一代人工智能产业发展三年行动计划（2018—2020年）》《新一代人工智能发展规划》等政策相继落地实施，人工智能与制造业融合的进程加快，"互联网+"对我国制造业智能化转型升级贡献度水平有明显提升。

2020—2021年"互联网+"对我国制造业绿色化转型升级贡献度水平成效显著，近20个省份样本区间内的分值保持在0.8以上。这表明全国绝大多数省份都在积极践行"两山理论"。"绿水青山就是金山银山""既要金山银山，也要绿水青山"等绿色可持续发展理念已经成为"互联网+"对我国制造业绿色化转型升级贡献度水平的衡量标准之一，越来越多的制造业企业注重统筹协调产值增长与环境保护的关系，为碳达峰碳中和认证提供技术支撑。

4.4.2 省际比较分析

从贡献度测算结果来看，我国制造业区域分布广阔，"互联网+"对不同省份之间制造业转型升级的贡献度差异明显。究其原因在于，不同省份之间的数字化、网络化、智能化、绿色化指标的原始数字存在明显的结构性差异。

2020—2021年"互联网+"对我国制造业数字化转型升级贡献度最高的3个省市分别是北京、广东、江苏，而制造业较为发达的重庆、辽宁、天津却排在10名外，处于西部的陕西却进入前10名内，其深层次的原因在于这些地区数字化硬件设备、工业软件和数字化人才投入存在差距。反观江西，在全国位于第23位，在中部地区6省和华东6省1市中排名垫底，处于下游水平状态，其原因在于"互联网+"对江西制造业数字化转型升级贡献维度各个指标的表现均不尽如人意。

2020—2021年"互联网+"对我国制造业网络化转型升级贡献度最高的5个省市分别是上海、江苏、广东、浙江、北京，这些地区不但是我国经济较为发达的省市，也是工业互联网应用先行区，电子商务发展规模走在全国前列。反观江西，在全国排名第 18 位，在中部地区 6 省中排名最末尾，处于中下游水平状态，其原因在于"互联网+"对江西制造业网络化转型升级贡献度的各个指标均排名靠后。比如，从衡量电子商务发展水平的电信业务收入指标看，排名就不容乐观。

2020—2021 年"互联网+"对我国制造业智能化转型升级贡献度进入前 10 的省市分别是北京、甘肃、陕西、黑龙江、海南、湖南、安徽、贵州、广东、重庆，其中西部的重庆、陕西和中部的湖南也进入了前 10，究其原因可能与这些地区高等教育资源丰富有关，这为智能化新产品的研发和智能新技术的创新提供了人才支撑。反观江西，在全国排名第 28 位，在中部地区 6 省中排名最后位，处于下游水平状态，其原因在于"互联网+"对江西制造业智能化转型升级贡献度的各个指标呈现偏低状态。

2020—2021 年"互联网+"对我国制造业绿色化转型升级贡献度排名靠前的省市分别是湖南、广东、上海、江苏、河南、湖北、重庆、四川、江西、北京，其中江西进入了全国前 10 名，在中部地区 6 省中处于第 4 位，原因在于江西近年来以建材、钢铁、航空、食品、纺织服装、医药、现代家具、电子信息、有色金属、装备制造、新能源、石化化工等 12 条制造业产业链为重点，在能源利用效率提升、"三废"综合治理、环保产业发展、绿色工匠精神培育等方面发力，推进全省传统工业体系向绿色工业体系转变，资源枯竭型产业链向新能源、新材料产业链转型升级，使单位能源消耗量、电力消耗量、废水和废气排放量等指标明显下降，制造业绿色化水平显著提升。

4.4.3　市际比较分析

从贡献度测算结果来看，江西省各地级市制造业转型升级总贡献度呈现四级梯队发展态势，"互联网+"对不同市级之间制造业转型升级的贡献度差异化明显。究其原因在于不同市级之间的数字化、网络化、智能化、绿色化等指标原始数据存在明显的结构性差异。

2020—2021年"互联网+"对江西市级制造业数字化转型升级贡献度最高的7个地级市分别是南昌、上饶、赣州、宜春、吉安、九江、抚州，其中南昌作为江西的省会城市，其数字基础设施毋庸置疑。考虑到制造业数字化转型升级贡献度可能会受各市经济发展水平的影响，从"互联网+"对制造业数字化转型升级贡献度的柱状图可以看出各市制造业数字化转型升级贡献度与GDP呈现正相关关系，即江西省各市制造业数字化转型升级贡献度与经济发展水平基本保持一致。在未达到平均贡献度的几个城市中，有些城市的制造业转型升级，"互联网+"对其贡献度并不是很高，原因在于这些城市的企业单位数、资产总额、营业收入、利润总额等指标得分较低，一个重要的原因是这些城市的总面积较小，人口较少，基础指数偏低。比如鹰潭、景德镇、萍乡、新余4个城市的人口相对较少，其数字化一级指标也必定落后于其他城市。

2020—2021年"互联网+"对江西市级制造业网络化转型升级贡献度最高的6个地级市分别是南昌、上饶、赣州、吉安、宜春、九江，原因在于这些城市的制造业企业互联网普及率和电信业务总量都普遍较高。而抚州、鹰潭、景德镇、新余、萍乡等5个地级市在制造业企业互联网普及率及相关营业收入和利润总额上低于全省平均贡献度，且新余和萍乡等2个地级市"互联网+"对制造业网络化转型升级贡献度的综合得分不及全省平均水平的1/8。在贡献度水平低于平均贡献度水平的城市中，人口相对较少，经济体量总体较小是导致网络化贡献度偏低的一个重要原因。

2020—2021年"互联网+"对江西市级制造业智能化转型升级贡献度最高的6个地级市分别是南昌、赣州、九江、宜春、吉安、上饶，原因在于这些城市的制造业有R&D活动的企业数、人员数和内部经费支出都普遍较高。而抚州、萍乡、鹰潭、景德镇、新余等5个地级市制造业企业有R&D活动的企业数、人员数和内部经费支出上低于全省平均贡献度，原因在于江西省各地市的科研投入与产出比例不协调，而且这5个地级市的科研投入经费十分有限，其经济水平发展相对落后于全省其他地级市。

2020—2021年"互联网+"对江西市级制造业绿色化转型升级贡献度最高的5个地级市分别是鹰潭、吉安、南昌、抚州、赣州，原因在于这些城市的单位增加值能源消耗量、单位增加值电力消耗量、单位增加值废水排放量、单位增加值废气排放量都普遍较低。而宜春、景德镇、上饶、新余、萍乡、九江等6个地级市在单位增加值能源消耗量、单位增加值电力消耗量、单位增加值废水排放量、单位增加值废气排放量上具有较高的指数，重要原因在于这些城市的工业发展起步较早。宜春是赣西区域性中心城市，近年来引进了国轩高科、宁德时代、比亚迪等制造业知名企业，工业基础较好。景德镇是老牌的瓷器制造之都，传统产业优势明显，能耗较高。上饶是赣东北工业基础较好的重要节点城市，其能耗高、排放量多也不言而喻。新余、萍乡、九江也是江西历史上较早的老工矿城市，萍乡是近代中国工业的发祥地之一，是著名的"江南煤都"，因煤而立，因煤而兴。

4.4.4 行业比较分析

从贡献度测算结果来看，"互联网+"对江西制造业细分行业转型升级总贡献度呈现四级梯队发展态势，"互联网+"对江西制造业细分行业转型升级的贡献度差异化明显。究其原因在于细分行业之间的数字化、网络化、绿色化等指标原始数据存在明显的结构性差异。

2020—2021年"互联网+"对江西制造业细分行业数字化转型升级贡献度最高的5个行业分别是有色金属业、非金属矿物业、运输设备业、黑色金属业、通用设备业，其中"互联网+"对江西制造业有色金属业的数字化转型升级贡献度遥遥领先。原因在于有色金属行业是江西省重点培育的"万亿"产业之一，是实施工业强省战略，推动工业高质量跨越式发展的重要支撑，也是工业领域碳排放的重点行业，主要分布在南昌、萍乡和赣州。南昌市有色金属市场是江西地区规模较大的有色金属市场之一，主要经营铜、铝、镍、锌等有色金属及金银制品，设有交易厅、库房、中央仓库、大型热轧板带加工中心等。

2020—2021年"互联网+"对江西制造业细分行业网络化转型升级贡献度最高的9个行业分别是有色金属业、非金属矿物业、通信设备业、电气机械业、化学制品业、食品加工业、运输设备业、医药制造业、黑色金属业。其中,"互联网+"对江西制造业有色金属业的网络化转型升级贡献度居于榜首,食品加工业和医药制造业也有不俗的表现。原因在于江西省强力推进工业强省战略,电子信息、有色金属、装备制造、新能源、石化化工、建材、钢铁、航空、食品、纺织服装、医药、现代家具等12条制造业重点产业链现代化水平全面提升。

2020—2021年"互联网+"对江西制造业细分行业绿色化转型升级贡献度最高的10个行业分别是仪器仪表业、运输设备业、专用设备业、文教体育业、纺织服装业、通用设备业、食品加工业、烟草制品业、电气机械业、印刷业。其中,"互联网+"对江西制造业仪器仪表业的绿色化转型升级贡献度居于榜首,运输设备业和专用设备业紧随其后。原因在于这10个行业对科技投入要求较高,使用互联网操控的频率较高,而单位增加值能源消耗量、单位增加值电力消耗量、单位增加值废水排放量和单位增加值废气排放量要求相对较低。因此,"互联网+"对江西制造业细分行业绿色化转型升级贡献度的大小取决于技术创新因素。技术创新能力越强,单位增加值消耗量越低,绿色化贡献度越高。

第5章
PART FIVE

"互联网+"对江西制造业转型升级贡献水平的提升路径分析

在互联网、大数据和人工智能大力发展的新时代,其所带来的新技术也已经渗透制造业的各个环节,"互联网+"不仅有利于制造业实现更加有效的资源配置方式,还可以使制造业依靠新技术实现生产经营方式的变革,最终实现制造业自主创新。"互联网+"的4个维度数字化水平、网络化水平、智能化水平和绿色化水平,均对制造业转型升级产生不同的直接或间接的正向影响。对于江西制造业而言,企业高质量发展过程中的数字化转型、网络化发展、智能化升级和绿色化实践与转型升级贡献水平能否有效提升紧紧联系在一起,它们均是制造业企业提升转型升级能力的重要途径。通过"互联网+"对全国省级制造业转型升级贡献测度,无论从总指标还是从4个一级指标看,在30省区市和中部地区范围内均进行了全面对比分析,反映出"互联网+"对江西制造业转型升级贡献度水平处于30个省区市中下游,处于中部地区下游水平,应该引起高度重视。因此,本书针对提升"互联网+"对江西制造业转型升级贡献水平提出了若干路径。

5.1 实现企业整体数字化转型

数字化指标,无论是在30个省区市范围还是在中部地区范围进行比较,"互联网+"对江西制造业数字化贡献度都处于中下游水平。从数字化人才储备情况、数字化软件应用情况、数字处理与存储能力、数字化设备投入情况等 4 个指标来看，都远远落后于全国东部地区和中部地区发达省份。数字化浪潮方兴未艾，以大数据、云计算、人工智能为代表的新一代数字技术日新月异，催生了数字经济这一新的经济发展形态。近年来，数字经济的充分发展为江西省传统制造产业的蓬勃发展提供了重要机遇。然而江西省多数制造业企业仍处于较低的发展水平，面临着人力、土地、技术等资源环境约束，综合成本持续上升。数字化转型可将制造优势与网络化、智能化相叠加，有利于提高生产制造的灵活度与精细性，实现柔性化、绿色化、智能化生产，是转变江西制造业发展方式、推动制造业高质量发展的重要途径。

5.1.1 明确"数字产业化和产业数字化"定位

一是抓数字产业化培育。立足产业基础，研判市场态势，聚焦新型显示、智能终端、智能安防、电子材料及元器件等新兴领域，科学布局产业赛道，强化招大引强、培优育强，聚力发展有差异化竞争力的数字经济产业集群。二是抓产业数字化改造。围绕汽车零部件、电子信息、旅游、医药、纺织服装、盐化工、陶瓷、铜等传统优势产业，实施系统式、集成式的数字化技改工程，重新为传统产业赋能，推动产业链转型升级由产业层级迈上中高端。三是抓治理智慧化目标。坚持以驱动数据化为路径，扎实全面推进"数字政府+营商环境"建设和"智慧城市+民生服务"建设，主动谋划一批应用场景，全面拓展数字应用的广度和深度。

5.1.2 夯实数字信息基础设施

目前，江西省大多数制造业企业都没有实现数字化转型，企业内部的数字化基础比较薄弱，导致企业内部以及整个产业链企业间的生产设备与信息系统不能互动共享。制造业企业在熟练掌握信息技术、大数据、云计算等数字技术后，打通企业、市场、消费者三者之间的信息渠道，以较低的成本获得生产的要素链、产业链、价值链等相关的信息资源，缩短了市场搜寻所需的时间,有利于物资生产、调度、分配、运输的全局优化。完善的数字基础设施可以支持企业更新升级生产设备,满足工业互联网高质量、高效率地连续采集数据,推动企业间的改造升级和互联互通。因此,要积极推动制造业企业从材料、零部件、成套装备到生产线的数字化改造。

江西数字信息基础设施应该不断完善,尽快建成高速、移动、安全、泛在的新一代信息通信基础设施,使城乡全面覆盖高速光纤网络和第五代移动通信技术(5G)网络,5G规模商业化走在全国前列,进一步提高移动宽带用户普及率和固定宽带家庭普及率。

一是要加快推进新型基础设施建设。推进5G基站建设的落地,尽快实现全省重点区域和重点应用领域的5G网络覆盖。推进鹰潭和南昌的5G试点工作,将赣江新区打造成为全国5G建设新标杆。协同推进骨干网、城域网、接入网和内容分发网络的建设,积极推进制造业企业信息基础设施建设。

二是要加快推进数字型人才体系建设。引进一批国内外数字经济领域学科的领军人物,同时利用好省"双千计划""西部之光"访问学者,支持海内外数字经济领域的高层次人才回赣创业。实施数字经济人才培养计划,支持各类高校开展数字经济学科和专业的建设,培养一批数字经济领域的高技能型人才。

三是要强化金融要素支撑。优先支持数字经济领域的企业贷款融资,积极引导各种社会投资进入数字经济行业,加大人才创新创业引导基金对数字经济领域人才创业的支持力度。

四是要加大相关政策支持力度。要出台数字经济领域相关服务政策,重点支持数字经济领域相关项目的建设。优化营商环境,对高新技术企业、科技型小企业实行税收减免政策;对于来赣创业的数字经济领域企业,给予政策优惠。[1]

---

[1] 江西省数字经济研究课题组.江西省数字经济发展报告[M].南昌:江西人民出版社,2020:71-72.

5.1.3 搭建数据资源共享平台

一是建立数据运营平台，激发数据应用创新。未来的数据局就是现在的自然资源局，未来的数据交易所就是现在的土地交易中心。建议提前布局，在成立数据局、设立数据交易所的同时，大胆尝试将数据资产纳入类似"城投公司"这样的国资平台进行运营管理，尝试"政企合作，管运分离"，释放市场活力，在技术、人力等方面实现充分的资源市场配置，推动数据从"云端"向政用、民用、商用落地，促进效率与效益的提高，实现国有数据资产的保值增值、良性循环，示范、引领民营数字经济的发展，更好地激发数据应用创新。

二是建立智能制造云平台，助力产业转型升级。深入实施《中国制造2025》，加快大数据、云计算、物联网应用，以新技术新业态新模式，推动传统产业生产、管理和营销模式变革。移动互联网特别是云计算、大数据等新技术平台的出现，促进了信息数据的连通，有助于盘活各种资源，提升产业智慧化水平。

三是建立数字经济平台，提升数据处理效率。数据是数字经济的核心，是国家的基础性战略资源，是未来城市发展的决定性资源。单个数据、单类数据、单个部门的数据能起的作用非常有限，只有将数据聚在一起，才能发掘出更多我们人脑想象不到的结果。目前在数据方面是多头管理，职能散在信息中心、发改委、科技局以及各个数据产生部门。这样的管理体制无法破解数据碎片化、"信息孤岛"等问题，无法打通、融合数据的采集、存储、处理、挖掘、应用各个环节，无法确定数据所有权、使用权，更无法畅通、规范数据要素的流通和交易。可以学习借鉴其他省市的做法，如广东，纵向在市县两级都成立数据管理局，横向全面撤并调整信息中心和各直属部门的内设信息化机构，并将编办的审改办、发改委的信息化项目立项审批、公共资源交易平台监管等职能划转到数据管理局，形成纵向贯通、横向整合、技术与业务融合的集约化管理体制，打破各部门自成体系、自我封闭造成的系统不通、业务不通、数据不通等困局，尽可能消除数字经济发展在政府内部的体制机制性障碍。

四是建立数据资源云平台，提供决策支持信息。制造业企业依托物联网大量采集来自设备生产线且类型多样的数据，基于云计算方式获得灵活便捷的软件应用环境、可靠且廉价的数据存储能力，并且在不损毁数据价值的前提下缩减冗余，以便形成完整的产品生命周期的数据，用于分析和改进。同时充分利用智能机器学习、AI等大数据专业工具加强数据挖掘和分析、访问控制，建立数据资源云平台，为从海量数据中挖掘新的知识提供决策支持信息。制造业企业利用数据资源云平台，能够快速响应市场需求、高效整合资源组织生产经营，进而推动产生网络化协同、特色化定制等新的模式。

5.1.4　加强数字技术与原有技术的融合

数字化转型是制造业高质量发展的重要引擎和创新路径，引发江西传统制造业支撑体系的重塑和再造，对传统制造业资金投入、技术攻关、人才培养等方面产生系统性变革，尤其在数字化转型的资金、人才及组织效率上。但可以窥见，当前很多传统制造业在数字化转型中还有很多难点、痛点亟须突破，传统制造业企业数字化转型仍面临着不少挑战。

一是认识不到位。有的企业专注于"低头做事"，忽略了"抬头看天"，缺乏战略眼光和长远布局。企业发展顺境时，往往把资金投到"短、平、快"的方向上，热衷"转行"而不是"转型"，对制造业发展趋势关心不够，没有危机意识，一旦遇到困境就束手无策，把希望寄托于政府扶助、银行支持上。[①]

二是路径不明晰。企业数字化转型升级是一个十分复杂的"跨界行动"，几乎每个企业都需要个性化的订制解决方案。这对于传统企业来说，特别

---

① 贺冬. 新时代萍乡制造业高质量发展研究[J]. 萍乡学院学报，2020（5）：45-48.

是在缺少专业人士或专业团队指导的情况下，转什么、如何转，都非常迷茫。①

三是实力受限制。历史上，也曾有过思想保守，错失重大工业项目落户本地、产业转型升级机遇的教训，如江西飞碟电扇厂没有及时转型向多元化的电器行业进军而销声匿迹。有些企业即使意识到要通过技改转型升级，但由于缺少足够的人力、物力、财力和技术支撑，往往想转也不敢转，处于不搞技改"等死"，搞技改"找死"的两难尴尬境地。②

四是对于数据安全的担忧。一方面，来自企业内部数字化转型升级以后可能会面临管理方法陈旧、技术人员短缺等问题；另一方面，是来自外部的担忧，如可能会遭遇恶意软件入侵、勒索病毒攻击、数据泄露等风险。

在制造业企业数字化发展过程中，协调数字技术与企业原有资源的关系是重中之重。数字化不是推倒重来，不然因废弃巨额原有固定资产而产生的沉没成本会使企业的数字化发展踯躅却步。强行推广数字技术会造成管理上的失调，抵消其带来的创新成果。数字化的价值并不限于互联网、软件和硬件的应用，而是更大程度上体现为数字技术所驱动的销售、管理和生产活动的流程创新，这些创新构成了制造业企业新的资源基础。同时制造业企业数字化的主要方向取决于数字技术是否真正地与企业其他资源相融合，避免因数字技术的引进导致创新过程中资源浪费，在创新过程中真正实现资源配置及优化。

在制造业企业数字化发展过程中，数字经济的发展可以通过改善资源要素配置和技术创新水平推动制造业全要素生产率的提高。基于此，江西省委、省政府在推动市场化改革特别是要素市场改革的过程中，一方面，应当重视引进数字化技术，利用大数据、云计算等技术手段提高资源配置效率，加强数字政府建设，提高政府治理能力，进一步降低企业的交易成本，优化营商环境；另一方面，要注重对人这一维度信息的收集，在数字

---

① 贺冬. 新时代萍乡制造业高质量发展研究[J]. 萍乡学院学报，2020（5）：45-48.
② 贺冬. 新时代萍乡制造业高质量发展研究[J]. 萍乡学院学报，2020（5）：45-48.

经济时代，生产要素不再局限于资本、土地，还包括人的各维度信息，要重视人财物三者的关联与互通，挖掘更多有针对性的信息和数据，改善当前数字经济对劳动资源配置影响不显著的现实。与此同时，企业也应当重视数字经济对技术创新的重要作用，引进数字化技术打造更先进的技术创新平台，提高技术创新能力，从而增强企业核心竞争力。

5.1.5 加速制造业数字化进程

"互联网+"时代，大数据是不容忽视的因素，也恰恰是数字化形成与发展的核心要素。数字化是实现制造业转型升级的必要途径，运用数字化技术可以改进制造业部分环节，提质增效，降低成本，可以通过建立物理信息系统、构筑云平台、"互联网+机器人"等途径增强制造业的数字化。

一是建立物理信息系统，促进制造业企业健康发展。建立物理信息系统要注意以下方面：首先，通过人机交互接口将计算机进程与物理进程进行有效结合，使软硬件设施能够很好地配套，服务于制造业转型升级；其次，将制造业企业在生产过程中涉及的生产设施和存储系统通过物联网、服务网等网络化新应用融入物理信息系统，构建数字化物理网络系统；最后，根据制造业企业生产制造过程中业务流程的各个方面，实时对生产的方方面面进行动态配置，及时发现问题并解决问题，对制造业企业生产过程中发现的问题不断微调，使制造业企业在生产过程中保持较高的灵活性，更好地保证制造业企业生产的产品与客户的需求相对接。

二是构筑制造业企业云平台，推进制造业企业数字化。一方面，建立服务于大型制造业企业的云平台，整合大型制造业企业的所有资源，根据制造业企业云平台收集到的客户偏好信息，有针对性地为单个制造业企业提供相关软件和数据资源；另一方面，建立服务于中小制造业企业的云平台，通过该平台，对相关数据进行搜集、整合，提供有效的数据资源，对制造业企业的设计、工艺、制造等环节进行完善，并且可以集合中小制造业企业的创新能力，为中小制造业企业转型升级提供技术保障。

三是积极推广"互联网+机器人",加速制造业数字化进程。在"互联网+"时代,机器人成为制造业数字化的重要工具,通过"互联网+机器人"的融合发展,机器人制造更加先进,能够帮助人类突破一些制造业生产中的难题,优化关键核心环节及工艺,增强企业竞争力,提高产品质量和品牌知名度。

5.2 推动制造业网络化建设

网络化指标,无论从 30 个省区市范围还是中部地区范围来看,"互联网+"对江西制造业网络化转型升级贡献度都处于中下游水平,这反映了江西制造业网络化发展落后。从互联网端口覆盖度、长途光缆建设水平、企业互联网可及性、电子商务发展水平 4 个具体指标来看,在 30 个省区市范围排名居中,在中部地区排名靠后。制造业企业在江西经济来源中占有很大比例,其通过企业内部网络设施的建设,信息沟通及与其他企业进行合作从而吸取有助于自身发展或是之前从未接触到的技术和知识,促进对新技术和新知识的创新整合,进而推动制造业转型升级。

5.2.1 加强互联网基础设施建设

网络化环境下江西制造业的发展离不开互联网建设,互联网的快速发展离不开相关基础设施的完善。对比我国发达省份和中部地区互联网基础设施建设现状,江西网络化建设处于中下游水平。因此,江西省委、省政府应加大对互联网基础设施建设,加速布局光纤宽带网络和移动通信网络向工业网络延伸,加快构建 M2M、工业路由交换,提高无线局域网的覆盖规模,引导互联网基础设施向城乡接合部工业园区、农村、欠发达地区和公益行业发展,提高互联网普及率和宽带速率,全面推动互联网与制造业融合;加快推动数据集成优化,构建时延低、可靠性高、覆盖范围广的网络化传输体系,完善与传统制造业基础设施的融合标准;鼓励江西企业建立自身的门户网站，增加互联网宽带和移动网的接入流量。同时，以互联网为支撑的衍生行业，应大力推进物联网技术研发、产业发展、推广应用，完善"一云二网三平台 N 应用"的物联框架。积极推进物联网产业园、智联小镇建设，完善物联网云平台，加快打造全国领先的物联网产业集聚区。一方面，江西省委、省政府应该增加资金投入，鼓励支持互联网及其相关配套体系的建设，加快 5G 覆盖江西各地区的进程，发展新兴产业，为制造业的转型升级给予充分的动力支持。在互联网相关信息技术快速发展的背景下，政府应该抓住机遇，积极推动实施《中国制造 2025》等相关战略，大力发展工业互联网，将相关政策落到实处，推动互联网和制造业的适应发展与匹配发展，政府不仅要落实相关政策，还要根据互联网和制造业的发展情况及时调整政策，将互联网技术充分应用到制造业转型升级的过程中。

同时因互联网具有突破时域空间限制的开放互联和渗透性，江西工信委等相关职能部门要引导传统制造业企业借势向数字化、智能化和服务化方向发展，不断攻破"互联网+制造"的关键融合技术；加大互联网教育与宣传，让企业深刻认识到生产性服务业的本质，剖析其在制造业同互联网渗透融合过程中扮演的位置，推动两者良性互动发展；鼓励有条件的制造业企业将非核心主营业务部分如服务咨询、生产控制、财务分析等外包出去，从而有效降低经营风险。

5.2.2 加强互联网相关服务体系建设

"互联网+制造业"是一个强强联合的组合方式，通过"互联网+"对江西市级制造业转型升级贡献度测算和江西制造业细分行业贡献度测算表明，"互联网+制造业"并没有形成系统完整的发展体系。"互联网+制造业"还只是停留在"业余"层面。那么，提升互联网服务水平就是提升"互联网+制造业"发展水平的一个行之有效的办法。

提升互联网水平，一是要提高互联网基础设施、互联网设备及配套设施的专业化。加强相关软件系统的及时更新与用户体验的及时改善。

二是要面向物联网、大数据、人工智能等新兴应用领域，重点培养一批软件骨干企业，提高江西省的软件和信息技术服务能力。要发展面向制造业的信息技术服务，推动互联网+制造业的发展，为制造业提供信息技术咨询、开发和维护服务，开展示范并大力推广。要重点面向有色钢铁、航空汽车、食品服装等领域，运用信息通信技术开发出自动化的工厂、车间，不断提高作业效率。要发展关键应用软件和行业解决方案，大力支持软件企业研发其他行业内的关键应用业务的信息化，将软件企业中的关键应用软件融合到行业的解决方案中去，搭建协同创新平台，研发各种大型管理软件。

三是"互联网+传统产业"是一个从产品设计、生产到销售全过程的参与。因此整合制造业生产全过程资源，提高相关资源配置效率是提升服务水平的一个重要途径。制造业的转型升级不是一个个相分离的部分组成，而是一个链条式的生产过程。一个环节的效率会影响下一环节的生产过程，进而影响制造业整体的生产效率。因此，加快"互联网+"在制造业产业链的资源整合是非常必要的。

四是规范行业标准，净化行业环境。互联网行业本身要严格遵守经济发展的行业规范和职业道德，善用、利用互联网，通过规范行业标准形成一定的行业制约，使不符合经营资质或不符合标准的制造业产品被市场自然淘汰。

5.2.3 积极搭建工业互联网平台

一是江西省直职能部门应该建立每个行业专门的工业互联网共享平台，在网络共享平台中实现本行业的创新资源、生产资源、市场资源以及物流资源等一系列信息资源的共享，提升企业间的信息协同水平，加强上下游企业的合作与交流。

二是利用电子商务平台，基于互联网共享平台的信息共享，将网络化贯穿于从原材料采购到产品售后的全过程，更加快捷和方便地进行网络化采购、销售以及售后服务。对制造业企业进行全方位的数字化管理，包括企业员工信息管理、生产流程管理、生产设备管理和客户资源管理等，推动企业全产业链应用云服务，提高经营效率与销售服务水平。

三是江西省省内的骨干制造业企业要进一步加强与互联网、人工智能企业的合作，打造智能互联创新中心，发展智能互联及信息服务，并在行业内形成良好的示范和带动作用。

5.2.4 加强网络改造和安全维护

在网络化改造方面，江西省制造业企业要将5G纳入工业无线技术标准，加快网络设施的升级和配套设施的完善，提高生产设备的联网率，推动制造业各细分行业实现数据采集、数据分析的云端汇聚。在此过程中，制造业企业要与网络运营商、互联网企业开展跨行业合作，解决网络改造中面临的难题。在网络安全维护方面，制造业企业要面向设备层，定期对联网设备进行安全检测。面向通信层，加强工业防火墙建设，安装监测控制器降低信息窃取风险。面向数据层，及时做好数据的备份和加密工作。政府要持续优化网络营运环境，加大网络安全的资金投入，解决工业互联网中的漏洞，保障网络生产安全。

5.2.5 加强企业自身网络覆盖

制造业企业通过全面的互通互联，实现云计算、大数据和区块链等新技术与自动化技术结合，使生产工序实现纵向集成，设备与设备之间、员工与设备之间的协同合作将整个工厂内部全部连接起来，相互之间可以发出请求并及时响应，还可以调整利用资源的多少及产品的生产率。企业不仅需要提高自身车间的智能化，还要实现信息通信网络覆盖，以此达到不同部门、不同企业以及不同行业间信息流动耗费较少周期的目的，既能减少在这方面的支出还能加强信息真实性的保障，进一步提高内部人员间知识互动的意愿，同时提升其信息沟通，开展个性化的柔性生产，促进企业绿色创新行为。

5.2.6 实现企业内外部互联互通

制造业企业应加快内部信息流动，提高企业人员信息获取时效性，及时对员工进行培训，实现企业内部知识和技术的共享流动。江西制造业企业的发展主要通过工业互联网体系进行团队协作生产。在此情况下企业不能闭门造车，要构建自己的联盟体系，协作研发新产品以及开发新技术。以生产生命周期为主线，组建生产技术同盟，实现其中包含企业的知识创造和信息共享。同时依据该联盟，可以做到合作设计、加工制造和输送，逐渐将自身的资源和系统重新组合，从而达到提高机器装备、员工以及生产运作等各方面资源效率的目的，给自身知识创新打下基石，并加强对该方面的保护。同时，用户是制造业企业最大的外部创新资源，因而装备制造业企业要向用户提供远程诊断、远程维修等服务，并及时采集用户的使用情况及反馈数据，进行智能分析，为不同的顾客需求提供与之相符的服务，提高其接受服务的水平；同时为用户提供共同进行产品设计和流程改进等机会。用户对产品的使用感及新技术的理解能加快企业对创新知识的整合和利用，进而提高企业的绿色创新效率。

5.3 实现制造业智能化生产升级

智能化指标，无论从 30 个省区市范围还是中部地区范围来看，"互联网+"对江西制造业智能化转型升级贡献度都处于下游水平，反映出江西制造业智能化生产水平低下。从智能制造企业规模、智能生产从业情况、智能技术创新能力、智能产品销售收入 4 个具体指标来看，在 30 个省区市排名靠后，在中部地区排名也靠后。目前江西省大多数智能装备产品技术含量、附加值不够高，而附加值较高的关键基础零部件、智能仪器仪表与控制系统等领域基础薄弱。优势企业多以组装和集成模式为主，关键核心部件仍需大量外购。在产品研发设计、系统集成、增值服务等方面发展不快，总体竞争力不强。作为智能制造企业，很多企业主深深地感觉到江西智能制造产业相关的高等教育、职业教育发展较为滞后，高端领军人才和高素质技能型人才缺乏。此外，智能制造产业属于资本密集型行业，在产品研发、检测、销售等方面需投入大量资金，且占用时间长，资金周转较慢，多数资本对智能制造投资持谨慎态度。因此，在"互联网+"背景下，为了推动工业企业由"制造"向"智造"转变，实现江西省制造业做大做强做优，进行制造业智能升级迫在眉睫，刻不容缓。

5.3.1 加大智能技术和设备的研发投入

传统制造业向智能化发展是其转型升级的必然选择，也是提升行业效率和治理的重要方向。传统制造业可以将"数字工厂"作为典型的发展模式进行发展，在设计、生产、销售各环节利用数据流进行分析，应用计算机设计和制造技术为核心的智能技术，从而将生产资料更高效地在企业间配置。江西省医药制造、通用设备业等高技术制造业由于在创新研发能力和技术创新能力方面具有比较优势，应该集中优势进一步提升技术创新和智能化产品的开发能力，突破关键性技术，打造品牌。针对江西省制造业智能化基础建设不足的问题，要提高智能化生产设备的投入和使用力度，装备制造业企业要加强先进高端制造装备的研发力度，从而提高企业对关键技术装备的应用程度。

5.3.2 加大智能制造技术装备引进

江西省制造业企业"上云"，将企业的数据资源、管理服务等放在云端，利用物联网便捷地获取云服务提供的计算、存储和服务，提高资源配置效率，降低数字网络建设的成本，促进信息共享和协同制造，加快新能源的转换。更主要的是企业加大对智能技术的引进，随着智能制造的发展，新一代机器人的作用越来越重要，不仅提高企业的创新效率，同时也促进企业间知识的传播。在今后的发展中，新一代机器人作为新知识和新技术的结合体，所产生的知识和技术创新对于制造业企业来讲存在着巨大的发展机遇。工业互联网平台使制造业企业实现网络上的并行制造，借助软件和网络，灵活地调整生产工艺，满足顾客的多元化、个性化需求，而企业更应该加大智能技术的引进，不仅提高企业创新效率，更能生产制造出满足顾客需要的产品，在未来的市场竞争中具有不可替代的地位。制造业企业应及时将新型智能技术引入自身未来发展中，以此保障其在如今信息技术迅猛发展的环境下有极大优势的转型升级能力。

5.3.3 培育智能制造龙头企业

从实际情况来看，江西省缺乏智能制造的龙头企业。所以需要集中优势资源培育一批具有较强自主创新能力、带动相关产业发展的大型智能制造企业，并将其智能制造的经验进行推广。首先，通过企业规模、从业情况、销售收入和技术创新能力等指标，在制造业各细分行业中筛选出一部分大型企业，通过建立人工智能创新研发基地对这部分企业进行智能生产改造和对企业负责人进行智能制造的专业培训。其次，以大型制造企业为核心打造产业联盟，加大对行业内的中小型企业的整合力度，充分整合产能资源。例如在钢铁、汽车制造、医药制造和电子信息等行业进一步提升行业集中度，打造在国内市场的品牌优势，提升市场占有率。最后，江西省要发挥毗邻长、株、潭的地理优势，发挥长沙的研发优势和株洲湘潭的产业优势，支持江西省内制造业企业"走出去"，学习先进技术和管理经验。如江西有钢铁生产，湖南有机械制造；湖南有粮食科技，江西有水稻制种；湖北有科技硅谷，江西有人才需求；江西有旅游资源，湖北有消费需要。应该加大长江中游三省在龙头企业培养方面的合作力度，促进龙头企业上、下游产业链协同发展，联手打造能够代表制造业智能化发展水平的先进产业集群。

5.3.4 重视智能领域人才培养

智能化发展不仅应加大对新型技术和资源的使用情况，更应在对尖端技术精英、工业领域和互联网领域跨界融合的复合型人才的投入中进行竞争，且后者的效果更为明显。江西省制造业企业要成功进行数字化、智能化转型，应注重培养或引进兼顾技术与管理的复合型人才，同时加强专业性技能人才的培养力度，加快引进高素质人才成为其智力基础。探索联合培养与资质认证，鼓励信息化部门与自动化部门的人员轮岗，加强技术人才的国际性学习培训。同时制造业企业为了加大人才的输入，必须加强与高校和科研院所的合作，合理支持高层次人才的"产学研"跨界流动，开辟来赣创业人才引进的绿色通道，鼓励有条件的企业在省外成立研究中心，构建引智网络。同时企业需结合自身发展特点，建立适应公共服务能力需求的专业性政府机构队伍，强化人才库建设和研究，为企业长期发展不断引进适合时代的相关人才与专家，激励企业进行知识创新和技术创新。

一要加强校企合作。创新现代职业教育，加强大专院校、职业院校相关专业群建设，深化工业机器人、机械装备、智能制造等领域产教融合、校企合作，采用"订单式"培养的方式，培养智能制造技术人才。

二要强化人才培训。把引进国内外高校院所相关领域高层次人才与培养本地专业技能型熟练工人相结合，通过开展"数控一代"、智能制造技术人才专题培训活动，对智能制造生产、研发、信息化等企业人员进行培训，培养一批智能制造人才。

5.3.5 营造智能化发展环境

江西省委、省政府作为制造业创新系统的宏观规划与管理者，出台与完善具有江西当代特色的政策体系，对推动、引导加快制造业企业数字化、网络化和智能化进程、进行创新活动起到至关重要的作用。制造业作为江西经济社会发展中最重要的一个产业，对经济发展有着重要的影响。一方面，政府要加大对装备制造企业智能化发展的物资支持，增加研发投入、促进信息基础建设等，以保障装备制造企业进行数字化智能化转型时有更好的运营基础。另一方面，政府应该加强其指引和调和效用，营造优良规章准则的氛围以支撑该类企业，加大智能型人才引进政策，降低其知识创新的压力；同时政府还需要将有关制度以及规定等进行不断优化和补充，形成合理的企业竞争策略，从而为企业的可持续性创新提供支撑及促进效用。

如何立足现有产业基础，着眼于市场竞争力提高，积极培育智能制造产业，牢牢把握智能制造发展的重大机遇，发展具有推广价值的技术与装备，加强重点行业、龙头企业智能制造示范和推广，对江西省加快传统制造业转型升级具有重要意义。

一是要着力加强组织领导。发展智能制造产业、营造良好的创业环境必须由政府主导和持续推动，建议成立由主管领导挂帅的智能制造产业发展的专门工作领导组，负责牵头跨部门协调工作和日常计划跟进、推动落实，组织专门会议，建立统一公开的网络服务平台，并负责外省、市、县以及国外关联计划、技术、进展等信息的收集、整理，供专家团队分析、研究，利用领导团队定期组织分析、讨论，研究出推进计划、配套相关政策，持续不断按需完善科学决策。这是一种常设机制，在发展"智能制造"的初级甚至中级阶段尤其重要。

二是要着力完善扶持政策。企业是智能制造的主体。积极完善智能制造扶持政策，对促进科技创新、推进转型升级具有不可替代的作用。首先，设立智能制造引导基金，给予企业试错空间。鼓励、引导金融机构加大对智能制造企业的信贷支持力度，开发新的信贷产品。引导金融及准金融机构拓展服务范围，为企业融资提供支持。其次，建设智能制造推广平台。引进和培育为企业提供基于智能制造的咨询体验、软件产品应用、电子商务、工业互联网、云计算、大数据、5G等服务的信息化服务平台，为企业数字工厂（车间）、智能制造等提供技术资源、方案设计、流程改造等专业服务。当前，尤其要出台针对中小企业的扶持政策，促进大众创业、万众创新。

三是要着力推进产品应用。首先，积极拓展产品市场。在引导企业开拓国内市场的同时，利用"一带一路"倡议的有利契机，积极拓展中南亚、中东、欧美等新兴市场。依托装备制造业协会等，组织智能制造企业参加国内外知名展会。其次，加快行业试点示范。在智能装备企业选择有条件的龙头企业建设一批数字化车间、智能工厂，分期分批开展试点示范，逐步实现车间级、工厂级的智能化改造。让核心企业成长为具有国际影响力的龙头企业。

5.4 提升制造业绿色化水平

绿色化指标，从30个省区市范围来看，"互联网+"对江西制造业绿色化转型升级贡献度处于上游，反映了江西制造业绿色化生产水平较高。从中部地区范围来看，"互联网+"对江西制造业绿色化转型升级贡献度处于中游，反映江西省践行"推动绿色发展，促进人与自然和谐共生"的发展理念，符合当前经济社会可持续发展的现实需要。从单位工业产值能源消耗量、单位工业产值电力消耗量、单位工业产值废水排放量和单位工业产值废气排放量4个具体指标来看，在30个省区市范围和中部地区范围排名均在中上游。尽管"互联网+"对江西制造业绿色化转型升级贡献度处于中上游水平，但仍然要积极推动制造业向绿色化方向转型，引导企业转变传统观念，加强绿色设计创新、绿色生产创新、绿色创业链创新，增强消费者环保意识。构建绿色制造体系，需要着重突破新能源装备及应用、新能源汽车等绿色生产的基础共性技术，发现新功能，促进绿色制造模式发展；以推进产业生产链向绿色边缘化靠拢为目标，以体制透明公开化为基础，大力推进绿色产品的研发和绿色园区的创建，打造绿色供应链；加快推动"绿色制造+互联网"模式的融合创新，提高资源集约化及自动化控制能力，推进绿色制造向数字化、智能化方向发展；着力打造绿色制造服务化平台，帮助传统制造业顺利向绿色制造转型提供坚实的支撑服务和保障基础。

5.4.1 加强创新资源投入

研发投入是整个江西制造业绿色创新活动的开端，是制造业绿色创新活动进行下去的前提和基础。研发支出作为制造业绿色创新的资金要素，在企业绿色创新活动中具有非常重要的影响。增加研发投入来提高产品质量或开发新产品以及新功能，形成企业核心竞争力，提高市场地位，实现企业的高速可持续发展。因此，企业要想获得较高的盈利水平和可持续发展的能力，应加大研发投入强度，保证充足的资金来源，为进行绿色创新活动提供持续性的保障，重视开展研发活动投入与产出，提高创造经济效益的能力，实现长期稳定发展进而提高企业在市场上的竞争力。

5.4.2 提高技术获取的消化吸收能力

江西制造业企业应根据自身需要加强技术与知识水平，针对性地对员工进行知识和技能培训，加强员工对新知识和新技术的认知和掌握程度，缩短新技术在企业的过渡期，提高员工的综合素质，促进组织内部知识顺利交流增加企业知识存量，潜移默化地提高吸收能力。同时对于外来先进技术的引进，必须注意要与江西目前的技术创新水平相匹配，可采用低成本、低风险、见效快的模仿创新和合作创新的方式。但在模仿的同时，必须更加注重对引进技术的消化和吸收以及对现有技术的集成创新，避免形成技术附庸和产业空洞的严重后果。只有将新技术和新知识消化整合，选用与江西省生产力发展程度相适应的高新技术，将其与企业自身资源融合，才能更有效地提高企业绿色创新绩效，避免浪费资源。

5.4.3 提升自主创新能力

技术进步是江西制造业企业的核心，因此进行技术创新对江西制造业企业数字化智能化转型升级的重要程度不言而喻。江西制造业企业应注重加强对基础技术的研究，这是制造业企业走自主创新道路的第一步。制造业企业要自主原创，培养创新主动性和积极性，注重保障和提高制造业核心部件和配套产品的质量稳定，为传统制造业产业结构升级提供技术支持。制造业企业面临着逐渐开放的创新环境，为提高自身创新水平，不仅需要促进与顾客、上游企业、相关机构以及竞争者等进行沟通与协作，以此获得更多的相关技术和知识，更需要广泛学习、借鉴发达地区的先进技术、设备、工艺与管理理念等，以缩短自身的创新周期，减少资金的占用，从而让新产品能够更加迅速地进入市场取代原有的产品，带动自身科技水平的提升。自主创新是推动企业技术进步的必然趋势，因此在借鉴发达地区先进经验的基础上，不能局限于简单地引进与模仿，需提高对引进技术进行再创新的能力，从而跨越技术障碍，提高自身技术创新能力，围绕企业绿色创新绩效的提升提供技术支撑。

制造业企业既是市场经济活动的经营主体，也是技术创新的主体，应该适应绿色低碳的理念，符合生态文明建设的要求，将绿色、环保、能源资源节约为核心的先进理念迅速渗透到企业技术创新过程中去。

一是构建并完善企业技术创新体制，使企业成为倡导绿色技术创新的主体和中坚力量。制造业企业在建立和完善现代企业制度的基础上应努力构建制造业企业技术创新体系，实行组织创新、研发创新、管理创新并进，构建企业技术创新激励机制，使企业成为推动绿色技术创新的主体。

二是构建环境成本核算评价指标体系，激励绿色技术创新。制造业企业应构建环境成本核算评价指标体系，改进制造业企业会计账户体系，拟增设环境成本账户，将环境成本因素纳入生产成本账户。企业在社会效益、经济效益和环境效益多重目标的影响下，就会自发地考虑绿色技术创新的作用，从而积极改造现行的生产技术，采取多种途径降低环保成本，从而降低产品总成本。

三是适当实施绿色技术生产线，生产高附加值绿色产品。绿色产品的设计应遵循资源利用效率最大、资源浪费最少、低污染、少损害、低能耗、高产出的原则。实施绿色技术生产线开发产品的过程中，应充分使用方便易得的绿色资源，选用对人畜无毒无害可循环使用、易分解的新型材料；要积极采用先进技术生产线和先进设备，提高生产效率。同时采用低排放、低污染的工艺减少生产中的污染和废水、废气排放。

5.4.4 加强对生产过程的改造和监督

一是对生产工艺流程进行清洁化改造，推广清洁高效的生产工艺。江西省在传统制造业、高耗能制造业和大型装备制造业等行业应加大清洁能源的使用，提升太阳能的投入力度。改革传统的生产设备，鼓励使用光伏等新能源维持运转的设备，增加节水设备的资金投入。

二是加强对生产过程的监控，推动高耗能制造业企业实现生产数据、生产流程和生产设备上云，通过数据和设备的云端迁移，对高耗能行业的生产过程、生产流程实行实时和稳定的动态监测，追溯污染源，提高对这些行业能耗的管控能力，降低能源资源消耗。将制造业企业生产中的柴油发动机、大型电机等高耗能通用动力设备上云，监测设备的运转情况和能源消耗情况，提升设备运行效率。

5.4.5 提高对资源的综合利用效率

一是推进江西省钢铁、金属制品等原材料制造业的深度加工和产业链延伸。这些行业在开采、加工、提炼过程中产生的环境问题较为突出，因此利用工业互联网平台提升研发设计和回收再利用能力，实现供求紧密对接，提升产能综合利用效率。

二是以再生资源型企业为基础，推动产业集聚，建立制造业各细分行业能源管理中心，实现资源共享，发挥各制造业企业废弃物再资源化的优势。

三是严把绿色生产关，打造绿色环保、循环利用的新型制造业体系。做好末端处理，提升对制造业污染物的处理能力，对制造业生产过程中形成的废弃物进行循环利用。

5.4.6 发挥政府在绿色发展中的主导作用

在"互联网+"对江西制造业绿色化转型升级贡献测度过程中，不能忽视政府的主导作用。可以说，"互联网+"对江西制造业绿色化转型升级贡献度处于中上游水平，政府功不可没。在江西制造业绿色化转型升级过程中，涌现出大量的新技术与新制度，因此需要建立相应机制来规范制造业发展。

一是江西省委、省政府应该通过积极完善相关政策体系，加快政策体制与机制的创新，完善对高耗能生产行业的市场准入与退出机制，明确高耗能行业和产品标准、污染物排放标准。

二是要加大对能源利用效率高的企业的鼓励力度，可以在税收方面给予优惠，鼓励企业升级传统的能源要素，并在行业内形成良好的示范作用。政府部门应适当向绿色制造企业倾斜。政府应该积极倡导绿色制造业企业的发展，通过经济政策手段，采取行政手段和市场机制对绿色制造进行引导，制定切实可行的资源价格优惠政策，利用税收和财政手段对不可再生资源、稀缺资源进行保护和限制，引导制造业企业降低对此类能源的依赖度，逐步开发寻求可替代资源。对于高耗能、重污染的制造方式要严加控制，加大税收力度和环保处罚力度直至非绿色制造企业无利可图，使其最终向绿色制造过渡。

三是深入推动信息化与工业化深度融合，走好新型工业化道路。积极发挥政策导向作用和专家智库力量，引导制造业企业利用物联网、大数据、云计算等新一代信息技术推动信息化建设，鼓励企业开展"两化"融合管理体系贯标，突出信息化体系建设。加快各类工业应用平台建设，推动企业上云，帮助企业在信息化条件下挖掘新型能力，助推企业降本增效、做大做强。

四是要加强对能源依赖型企业的监管，督促该类企业转变能源投入方式，加大污染、能源处罚力度，打造完善的约束机制。

第6章

PART SIX

结论与展望

6.1 研究结论

本书通过简要回顾"互联网+"与制造业转型升级国内外相关研究现状，界定"互联网+"及制造业转型升级的内涵特征，梳理"互联网+制造业"发展的动态与趋势，"互联网+"对制造业转型升级贡献测度方法以及测度指标体系的研究进展，从数字化、网络化、智能化以及绿色化4个要素出发，选取16个指标构建了"互联网+"对制造业转型升级贡献测度评价指标体系，以江西制造业为研究对象，接着使用客观赋权法的熵权法确定了各指标的权重，并基于2020—2021年中国30个省区市的面板数据、江西11个地级市的数据以及江西制造业28个细分行业数据，对全国省级制造业转型升级贡献度水平、江西市级制造业转型升级贡献度水平、江西制造业细分行业转型升级贡献度水平进行定量测度评价。本书得到的主要结论如下：

（1）"互联网+"对全国省级制造业转型升级贡献度遵循东中西梯度空间分布格局。通过"互联网+"对全国30个省市区制造业转型升级贡献度测算并进行省际比较发现，虽然有个别中西部省份超越东部省份、个别西部省份赶上中部省份的情况，但数字化、网络化、智能化和绿色化等"四化"并进的总体特征并没有发生实质性变化，仍然遵循东中西梯度空间分布格局。具体可以分为3个梯队：第一梯队的省区市分别是北京、广东、江苏、上海、浙江、山东、四川、陕西、福建、湖北、天津。除四川、陕西、湖北外均是东部制造业发达或比较发达的省区市。东部地区经济发达，互联网基础设施完善，且拥有丰富的高等教育资源，有利于制造业高质量转型升级。第二梯队的省区市分别是甘肃、重庆、湖南、安徽、山西、河南、辽宁、河北。绝大多数省区市属于发展中的中部地区。其中辽宁工业基础雄厚，尤其是装备制造业十分发达，是中国装备制造业的重要集聚地，而且近些年来随着振兴东北老工业基地战略的推进，"互联网+"对辽宁制造业转型升级的贡献度也在不断加大。第三梯队的省区市分别是贵州、黑龙江、海南、广西、新疆、江西、吉林、宁夏、内蒙古、云南、青海。绝大多数省区市以实现经济赶超的西部地区为主。其中，新疆、宁夏、青海等西部地区无论是地理位置、气候条件、工业基础、网络设施，还是人才储备、营商环境等，都远不及大多数东、中部省区市，在很大程度上限制了这些地区制造业的高质量转型升级，因此需在基础条件、政策供给等方面入手综合推进拉升。

（2）"互联网+"对全国省级制造业转型升级贡献度存在明显的地区差异。通过"互联网+"对全国30个省区市制造业转型升级贡献度测算比较发现，"互联网+"对各省区市制造业转型升级贡献度综合得分呈现明显的阶梯化分布格局，东部地区的贡献度综合得分最高，中部地区次之，西部地区最低。具体可以分为在数字化方面，东部地区的贡献度综合得分领先，中部地区次之，西部地区最弱。在网络化方面，东部地区的贡献度综合得分领先，中部地区次之，西部地区最弱。在智能化方面，东部地区领先，中部地区异军突起，西部地区原地踏步。在绿色化方面，东部地区和中部地区不相上下，西部地区仍然在最弱的境地徘徊。

（3）从"互联网+"对全国制造业"四化"各个维度来看，中国制造业区域分布广阔，不同省份制造业转型升级程度差异化明显。首先，制造业数字化转型升级全国最高的省区市分别为北京、广东、江苏、山东、上海、浙江、四川、陕西、湖北、福建，而制造业较为发达的天津却排在10名之外，处于西部的陕西却进入前10名。究其原因在于这些地区数字化硬件设备、工业软件和数字化人才投入存在差距。比如，2020年北京、广东、江苏3个省市信息传输、软件和信息技术服务业固定资产投资总额为2 026.5亿元，占全国的21%；软件和信息技术服务业从业人数为314.75万人，占全国的46.1%。另外，2020年陕西制造业数字化维度各个指标的表现均要好于天津。

其次，制造业网络化转型升级排在全国前10名的分别是上海、江苏、广东、浙江、北京、天津、福建、山东、四川、河南等省市，这些地区不仅是经济发达省市，也是工业互联网应用先行区，电子商务发展规模走在全国前列。比如，从衡量电子商务发展水平的电信业务收入指标看，2020年这些省市的电信主营业务收入达到了5 265.23亿元，占全国的35.4%。

再次，制造业智能化转型升级进入前10名的省市分别是北京、甘肃、山西、黑龙江、海南、湖南、安徽、贵州、广东、重庆，其中西部的甘肃、贵州、重庆和中部的山西、湖南、安徽也进入了前10。究其原因可能与这些地区高等教育资源和大数据产业有关，这为智能化新产品的研发和智能新技术的创新提供了人才支撑。比如，2020年重庆制造业新产品销售收入高达5 712.70亿元，山西、湖南的R&D人员全时当量高达51 968人·年、94 228人·年，均位居全国前列。

最后，制造业绿色化转型升级水平全国排名靠前的省市分别是湖南、广东、上海、江苏、河南、湖北、重庆、四川、江西、北京，其中中部地区的江西也进入了全国前10。原因在于该省近年来践行"绿水青山就是金山银山"的发展理念，以新能源、新材料、粉末冶金、生物医药等行业为重点，在能源利用效率提升、"三废"综合治理、环保产业发展、绿色工匠队伍培育等方面发力，推进全省传统工业体系向绿色工业体系转换，使单位增加值能源消耗量、电力消耗量、废水和废气排放量等指标显著下降，工业绿色化水平明显提高。

（4）"互联网+"对江西市级制造业转型升级贡献度存在明显的地区差异。通过"互联网+"对江西11个地级市制造业转型升级贡献度测算比较发现,"互联网+"对各地级市制造业转型升级贡献度综合得分呈现明显的阶梯化分布格局,赣中地区的贡献度综合得分最高,赣东北地区、赣南地区、赣西北地区次之,赣西地区最低。具体可以分为在数字化方面,赣中地区的贡献度综合得分领先,赣东北地区、赣南地区、赣西北地区、赣东北地区次之,赣西地区最弱。在网络化方面,赣中地区的贡献度综合得分领先,赣南地区、赣西北地区、赣东北地区次之,赣西地区最弱。在智能化方面,赣中地区的贡献度综合得分领先,赣南地区、赣西北地区、赣东北地区次之,赣西地区最弱。在绿色化方面,赣东北地区的贡献度综合得分领先,赣中地区、赣南地区、赣西地区次之,赣西北地区最弱。

(5)从"互联网+"对江西制造业"四化"各个维度来看,不同地级市制造业转型升级程度差异化明显。首先,制造业数字化转型升级全省排名分别为南昌、上饶、赣州、宜春、吉安、九江、抚州、鹰潭、景德镇、萍乡、新余。省会城市南昌领跑全省,上饶、赣州、宜春等城市紧随其后。

其次,制造业网络化转型升级全省排名分别是南昌、上饶、赣州、吉安、宜春、九江、抚州、鹰潭、景德镇、新余、萍乡。南昌不仅是江西省会城市体量较大,同时也是工业互联网先行区,电子商务发展规模走在全省前列。

再次,制造业智能化转型升级全省排名分别是南昌、赣州、九江、宜春、吉安、上饶、抚州、萍乡、鹰潭、景德镇、新余。南昌、赣州再次领跑全省,究其原因可能与这些地区高等教育资源和 VR 产业有关,这为智能化新产品的研发和智能新技术的创新提供了人才支撑。

最后,制造业绿色化转型升级水平全省排名分别是鹰潭、吉安、南昌、抚州、赣州、宜春、景德镇、上饶、新余、萍乡、九江。鹰潭在绿色化指标贡献度水平上的表现较为突出,反超南昌,跃升到了第一位。究其原因可能与鹰潭人口少、各项指标低、工业总产值不高有关。

(6)从"互联网+"对江西制造业细分行业转型升级总贡献度测算结果来看,全省制造业细分行业转型升级总贡献度呈现四级梯队发展态势。"互联网+"对江西制造业细分行业转型升级平均贡献度为 0.173 4。其中有色金属业以贡献度0.808 4位居制造业细分行业榜首,为第一梯队(贡献度综合得分大于 0.800 0);非金属矿物业、运输设备业、黑色金属业、通信设备业、电气机械业、化学制品业、医药制造业、通用设备业和食品加工业高于细分行业平均贡献度,为第二梯队(贡献度综合得分为 0.181 3~0.602 7);石油加工业、金属制品业、烟草制品业和纺织服装业接近细分行业平均贡献度,为第三梯队(贡献度综合得分为 0.113 7~0.121 8);专用设备业、橡胶塑料业、纺织业、印刷业、文教体育业、家具制造业、饮料制造业、化学纤维业、皮毛制品业、食品制造业、造纸制品业、木材加工业、仪器仪表业和其他制造业低于细分行业平均贡献度(贡献度综合得分小于 0.095)。

6.2 政策建议

"互联网+制造业"不仅是一个"1+1＞2"的组合,也是未来产业发展的必然方向。实现制造业高质量的转型升级必须充分利用好"互联网+"这个机遇,而且在平衡政府干预与市场机制、优化产业发展环境、促进企业自主创新等方面,需要政府与企业共同发力。根据前文的分析结果,本书从政府和企业两个角度对江西省利用"互联网+"促进制造业转型升级提出一些可行性的政策建议。

6.2.1 政府层面

政府的产业政策、举措在推动"互联网+"对制造业转型升级中有着重要的意义。作为"看得见的手",政府应该提供制度保障,激发创新动力,引导区域布局,输送创新人才,为企业创新创造良好的环境。政府应该致力于创建互联网与制造业良好的发展环境,充分发挥互联网对制造业转型升级的驱动作用。

(1)增加资金投入,加强互联网基础设施建设。"互联网+制造业"的发展是建立在完善的互联网基础设施之上的。江西省虽然有着较为健全的交通基础设施和工业产业体系，但是江西的互联网基础设施建设和国内发达的东部沿海省份相比还有很大差距，江西省内城乡之间差距明显。为了使"互联网+制造业"能够更好地融合发展，省委、省政府应该加大资金投入和政策支持力度，为制造业企业的转型升级提供强大的动力支持。在资金投入方面，政府应该加大资金投入力度，积极推进互联网和相关配套服务体系的建设，加快促进城乡 4G 网络全覆盖并向 5G 延伸，全面推行两网融合，大力发展战略性新兴产业，提高互联网和制造业发展的匹配度和兼容性，引导产业做大做强；在政策支持方面，政府应该利用好"十四五"规划的绝佳实际，坚定不移地执行《中国制造 2025》等相关战略，大力发展工业互联网，将"互联网+"政策落到实处，根据江西制造业发展的实际情况制定相关细则，推动互联网和制造业的发展相匹配，将互联网技术渗透到制造业的各行当中，为互联网的发展提供良好的外部环境。

（2）减少政府干预，改进政府职能。当前，政府应该加快自身转型的步伐，处理好政府和市场之间的关系。作为经济活动中"看得见的手"，要想使制造业企业实现转型升级，政府不应该处处伸手，具体可以从两个方面出发：第一，政府应该转变观念，减少对市场的干预程度，找准自身定位，努力打造"服务型政府"，充当市场的服务者而不是管理者，多出台有助于制造业转型升级的政策，适当减少审批程序，提高政府部门的管理效率和办事效率，做到"放、管、服"，即简政放权、放管结合和强化服务，为制造业转型升级营造宽松良好的外部环境。第二，政府要做好规划和指导方面的工作，不仅要建立健全各项产业政策，也要努力落实各项产业措施，对污染严重的产业进行限制和取缔，对低端落后的产业进行帮扶和监管，对高端产业进行支持和鼓励，适当降低新产品、新业态的门槛，注重各产业部门之间的和谐运转，做到以市场为导向，充分尊重市场规律，增强市场活力，建设一个公平和谐的市场环境。

（3）加强监督力度，完善互联网相关法律法规。当前，随着新一代信息技术的快速发展，一系列网络安全问题也随之而来。5G、大数据、人工智能等的发展带来的大量数据处理和交易，会引发一系列网络安全问题，如不法分子对企业的研发环节、生产环节以及营销服务环节进行操纵甚至恶意破坏。因此，一方面，政府必须完善相关法律法规，加强网络环境监管力度，不断完善健全网络安全监管体系，制定并维护全面的安全预警系统，出现问题后要及时进行处理；同时，政府还可以通过媒体宣传等方式，提高人们的网络安全和防范意识，增强企业和民众的社会责任感，对于违反网络安全相关规定的情况，要根据相关法律法规给予处罚。另一方面，政府还要提倡企业在拟定合同时加入相关条款，从而达到保护公司数据、专利以及利益的目的，政府还应该实行相关的补贴、减税、信贷等政策，鼓励支持制造业的数字化发展，牢牢抓住互联网快速发展的机遇，根据江西各地区互联网与制造业发展的不同情况，制定并健全相应的监督管理体系，推动相关发展战略的科学制定与实施，驱动制造业的转型升级。

（4）优化制造业发展的法治环境和市场环境。一方面，法治环境对制造业的发展尤为重要，政府应针对互联网的发展打造一个完整、可行的实施细则，提出与生产力相匹配的法律法规。首先要充分发挥政府的作用，为制造业企业的发展提供一定的支持，确保相关法律法规的权威性，体现法律法规对制造业企业发展的推动作用；其次，政府要尊重市场的经济发展规律，集中力量办大事，促进制造业企业进行新产品、新模式以及新技术的转变；最后，要学习借鉴其他发达的东部沿海省份对先进制造业发展制定的相关战略和政策，取长补短，建立适合江西制造业长期稳定发展的市场环境，重视相关人才的培养和引进。另一方面，开放公平的市场环境是促进互联网和制造业发展的前提，只有在健康的市场环境中，制造业企业才有机会有意愿提升其技术创新水平，实现转型升级。这就要求政府必须重视制造业企业的意见和建议，提高企业对政府制定相关政策的参与度，建立一定的联动监督体系，保障政策制定实施的科学性、合理性、有效性，从而保证市场上生产和交易等活动的公平性、效益性，充分发挥企业适应市场的能力，防止非市场化和明显的政治偏好引起的弊端。

6.2.2 企业层面

根据"互联网+"对江西制造业转型升级贡献度测算结果分析以及本文的研究结论，制造业企业应该充分发挥研发创新驱动路径、生产效率提高路径、营销能力提升路径、品牌效应延伸路径的作用，实现其转型升级的目标。

（1）坚持创新驱动，加大创新投入，充分发挥研发创新路径的作用。技术创新是企业取得竞争力的关键，也是产业实现转型升级的核心要素。在推动互联网与制造业融合发展的同时，必须把提高制造业企业的研发创新能力放在关键位置。一方面，企业要在把握产业发展趋势以及市场变化的基础上，抓住互联网快速发展的机遇，利用网络的开放性以及资源共享性，加快创新的步伐，加大创新投入，尤其是消化吸收经费的投入。高投入才能获得高收益，企业消化吸收先进技术的能力越强，越能有利于其创建高质量品牌，从而使企业在市场上获得长期的竞争优势，促进制造业的转型升级。另一方面，坚持创新驱动，企业要加快对关键领域研究的更新速度，通过提供相关市场数据及用户需求，与高校以及科研机构达成合作意向，充分利用其丰富的科研资源和雄厚的科研力量，提升创新意识，提高创新水平，突破创新瓶颈，加快研究成果的转化，加速新技术的扩散，充分利用企业的研发创新在互联网驱动制造业转型升级中的关键作用。

（2）充分发挥生产效率提高路径的作用，促进制造业向高附加值生产模式转变。互联网可以通过提高企业的生产效率进而促进制造业的转型升级。一方面，传统的生产模式已经不能满足消费者日益增长的个性化需求，要想满足客户的需求，建立竞争优势，提高生产效率，就必须充分利用互联网技术，推动企业生产线数字化。智能化发展，通过互联网与传感器实现生产设备的互联互通，实现柔性生产，降低生产成本，提高产品的市场竞争力，驱动制造业企业的转型升级。另一方面，产品质量是企业获得名誉和好口碑的基础，这就要求企业在生产过程中必须注重产品质量，不能为了满足企业的利益而损害企业的声誉和消费者的权益，必须向发达的东部沿海省份先进制造业看齐，建立健全完备的产品质量标准和质量监督体系，增强企业产品质量的稳定性和一致性。这不但有助于企业创建自己的品牌，也有利于企业在国内和国际两大市场上获得竞争优势。企业也要增强以产品质量为核心的品牌意识，维护自身专利权与商标权，实现转型升级的同时推动江西制造业企业品牌的高级化发展，推动制造业向高附加值生产模式转变。

（3）引进和培养高素质人才，提高服务质量，充分发挥营销能力提升路径的作用。互联网可以通过提升企业的营销能力进而促进制造业的转型升级。高素质人才对每个企业来说都是不可或缺的，而当前，企业需要的是熟悉互联网应用技术的人才。首先，企业需要这些人才在电商平台上发布产品图片、价格、性能、物流等相关信息。其次，懂得互联网技术的人才更能快速地搜集到客户在平台上注册、浏览以及购买产品的信息。通过这些信息企业可以更准确地划分客户群体，降低企业营销成本，从而达到品牌推广和精准营销的目的，提升企业的营销能力。最后，高素质的人才更具有售后服务意识。良好的售后服务能够提高企业产品的好评率，提高企业的信誉度以及消费者对产品的满意度，让企业获得更高的经济效益，驱动制造业企业的转型升级。而要获得高素质人才，一方面，企业可以通过进行互联网思维培训、开展讲座传授相关知识等方式，强化企业员工各方面的意识，并在工作中加以运用；另一方面，企业也要利用好政府出台的人才引进政策，积极引进复合型与应用型人才。

（4）提升产品质量，推进品牌建设，充分发挥品牌效应延伸路径的作用。制造业企业自身的品牌建设是企业获得长足发展的源泉，也是企业取得进步的精神动力。因此，制造业企业在转型升级时，不应该只注重产业结构的优化和升级，还应该注重生产方式的变革和价值链的升级。首先，面对激烈的制造业竞争，企业应该充分发挥自己的优势，抓住"互联网+"

这个机遇，积极接受消费者的建议和反馈，利用新工艺、新技术来开发新产品，以满足消费者的需求，促进产品进行升级和更新换代。其次，企业应该实行专业化的内部管理，建立完善的产品质量标准并严格执行，提升产品的工艺和成熟度，将江西制造业的产品质量和国内制造业产品的质量标准接轨。最后，企业应该加快数字化转型步伐，将眼光放长远，不仅应将互联网信息技术应用于研发设计、工业制造和销售服务等阶段，还应当深化产品的资源整合和共享，加强企业上下游之间的联系，由单纯的生产制造向供应链协同方向发展。另外，企业还可以利用互联网多媒体来加大宣传力度，扩大品牌影响力，注重企业文化建设，从整体上提升企业的服务质量和品牌形象。

6.3 不足之处与研究展望

在"互联网+"对江西制造业转型升级贡献测度与提升对策的研究中，笔者深感这一研究课题包含丰富的内容。尽管已经做了大量的研究与努力，但由于制造业产业发展现实的复杂性，加之自身认知的局限性，本书仍存在以下不足：

（1）指标选择及测度方法有待改进。在研究"互联网+"对江西制造业转型升级贡献测度时，涉及"互联网+"对江西制造业转型升级的贡献机理及具体贡献点在哪里的问题。目前学术界对这方面的贡献测度研究非常有限，测度方法并不统一，所以只能尝试性使用指标测度法，构建"互联网+"对江西制造业转型升级贡献测度指标体系，使用熵权法计算权重和贡献度。虽然指标选取尽量做到科学合理，但个别遗漏的指标可能会对测度结果的稳健性造成一些影响。

（2）数据缺失引起的偏差。在研究"互联网+"对全国省级制造业转型升级贡献测度时，尽管从多方来源搜集数据，但2020—2021年各地区制造业相关数据仍不完整，个别数据缺失，只能采用该指标往年历史数据进行线性插值的办法进行补全，所以贡献测度结果可能存在误差。

（3）无量纲化有待进行比较。因为在测算"互联网+"对全国省级、江西市级制造业以及制造业细分行业转型升级贡献度时，采用熵权法计算指标权重前需要对数据进行归一化处理。在使用 SPSSAU 数据分析软件时，归一化处理的数据难以导出来，而是连同综合分析直接得出综合得分，所以并没有刻画出对各个指标进行无量纲化后的对比图。

（4）全国制造业细分行业有待测算。鉴于数据的可获得性，本书获取的制造细分行业的相关数据皆为江西省级层面，其表现的经济指标被统计在册的数据十分有限，在指标体系构建过程中，没有将智能化指标纳入指标体系中，因此在指标体系的设置上并未能够做到尽善尽美。如果在满足计量统计数据量的要求下，行业层面的相应数据可能会包含更多的细节，可以更有效地揭示制造业各个细分行业的个性特征。

（5）"互联网+"对江西制造业转型升级贡献测度的拓展研究。随着"互联网+"在生活中的广泛应用，"互联网+"带来的平台、云共享、大数据等资源越来越成为制造业转型升级中不可忽视的重要因素。例如近年来，网络直播带动的消费力量不容小觑，其中，互联网平台就发挥了至关重要的作用。因此，未来有关这些问题背后数据的挖掘和创新研究也将成为研究"互联网+"对制造业转型升级的研究重点。

在后续的研究中，要充分考虑数据的限制，在贡献测度中没有对全国制造业细分行业以及江西制造业全部细分行业进行深入研究，研究样本选择的期限较短，样本量较少。因此，在未来的研究中会继续更新数据，扩大样本量，进行动态研究。

参考文献

[1] 黄群慧. 论中国工业的供给侧结构性改革[J]. 中国工业经济, 2016(9): 5-23.

[2] 吴梦瑶. "互联网+"发展对制造业升级的影响研究[D]. 武汉: 华中科技大学, 2018.

[3] 王建平, 吴晓云. 制造企业知识搜寻对渐进式和突破式创新的作用机制[J]. 经济管理, 2017, 39(12): 58-72.

[4] 卞亚斌. "互联网+"背景下中国制造业转型升级的微观路径——基于微笑曲线的分析[J]. 经济研究, 2019(8): 40-49.

[5] 王娟. "互联网+"的多维模式研究与分析[J]. 无线互联科技, 2015(8): 46-47.

[6] 陈磊. "互联网+"对产业结构生态化转型影响的区域比较[D]. 天津: 天津商业大学, 2018.

[7] 李金城, 周咪咪. 互联网能否提升一国制造业出口复杂度[J]. 国际经贸探索, 2017, 33(4): 24-38.

[8] 王志华, 陈圻. 江苏制造业结构升级水平的综合测度[J]. 生态经济, 2012(4): 99-103.

[9] 周大鹏. 制造业服务化对产业转型升级的影响[J]. 世界经济研究, 2013(9): 17-22.

[10] 张陆颖. 信息技术对我国制造业转型升级的影响研究[D]. 吉林: 吉林大学, 2020.

[11] 宁家骏. "互联网+"行动计划的实施背景、内涵及主要内容[J]. 电子

政务，2015（6）：32-38.

[12] 欧阳日辉. 从"+互联网"到"互联网+"——技术革命如何孕育新型经济社会形态[J]. 人民论坛学术前沿，2015（10）：27-40.

[13] 赵振. "互联网+"跨界经营：创造性破坏视角[J]. 中国工业经济，2015（10）：146-160.

[14] 丁雪，张骁. "互联网+"背景下我国传统制造业转型的微观策略及路径：价值链视角[J]. 学海，2017（3）：86-90.

[15] 麒海燕，陈俊江，练红宇. "互联网+"背景下文化产业发展路径研究——以成都市为例[J]. 中华文化论坛，2020（5）：146-153.

[16] 许磊，程广明，刘丕群. 工业互联网影响我国制造业转型升级的路径分析[J]. 科技和产业，2020（6）：103-106.

[17] 易先忠，张亚斌，刘智勇. 自主创新、国外模仿与后发国知识产权保护[J]. 世界经济，2007（3）：31-40.

[18] 张文，孙林岩，何哲. 中国产业结构演变的影响因素分析[J]. 科技管理研究，2009，20，196（6）：373-375.

[19] 孔伟杰. 制造业企业转型升级影响因素研究——基于浙江省制造业企业大样本问卷调查的实证研究[J]. 管理世界，2012（9）：120-131.

[20] 王玉，许俊斌. 中国高新技术产业发展效率的影响因素[J]. 经济管理，2013（9）：17-25.

[21] 王治，王耀中. 中国服务业发展与制造业升级关系研究——基于东、中、西部面板数据的经验证据[J]. 华东经济管理，2010（11）：65-69.

[22] 盛丰. 生产性服务业集聚与制造业升级：机制与经验——来自230个城市数据的空间计量分析[J]. 产业经济研究，2014（2）：32-39.

[23] 纪玉俊，张彦彦. "互联网+"背景下的制造业升级：机理及测度[J]. 中国科技论坛，2017（3）：50-57.

[24] 李捷，余东华. 供给侧改革背景下中国制造业"高新化"研究——地区差异、影响因素与实现路径[J]. 天津社会科学，2017（1）：97-107.

[25] 石喜爱，季良玉，程中华."互联网+"对中国制造业转型升级影响的实证研究——中国 2003—2014 年省级面板数据检验[J]. 科技进步与对策，2017，34（22）.

[26] 杨倩. 互联网融合驱动制造业转型升级的路径研究[D]. 武汉：武汉理工大学，2018.

[27] 童有好."互联网+制造业服务化"融合发展研究[J]. 经济纵横，2015（10）：62-67.

[28] 吴阳芬."互联网+"时代制造转型升级新模式、路径与对策研究[J]. 特区经济，2016（7）：139-141.

[29] 曾繁华，侯晓东，吴阳芬."双创四众"驱动制造业转型升级机理及创新模式研究[J]. 科技进步与对策，2016（23）：44-50.

[30] 郭朝晖，靳小越."互联网+"行动驱动产业结构变迁的实证研究——基于 2005—2014 年长江经济带面板数据[J]. 产经评论，2017（4）.

[31] 张伯旭，李辉. 推动互联网与制造业深度融合——基于"互联网+"创新的机制和路径[J]. 经济与管理研究，2017（2）：87-96.

[32] 昌忠泽，孟倩. 信息技术影响产业结构优化升级的中介效应分析——来自中国省级层面的经验证据[J]. 经济理论与经济管理，2018（6）：39-50.

[33] 夏杰长，王欠欠. 互联网发展对全球价值链贸易的影响评估[J]. 改革，2018（9）：142-150.

[34] 徐伟呈，范爱军."互联网+"驱动下的中国产业结构优化升级[J]. 财经科学，2018（3）.

[35] 石喜爱，李廉水，程中华."互联网+"对中国制造业价值链攀升的影响分析[J]. 科学研究，2018（8）.

[36] 黄满盈，聂秀平. 我国工程机械行业转型升级对其他制造业的启示[J]. 经济纵横，2015（1）：77-81.

[37] 胡汉辉，邢华. 产业融合理论以及对我国发展信息产业的启示[J]. 中

国工业经济，2003（2）：23-29.

[38] 金青，张忠，陈杰. 基于典型案例的苏南制造业转型升级路径与对策研究[J]. 科技进步与对策，2015，32（18）：51-57.

[39] 纪玉俊，李超. 创新驱动产业升级——基于我国省际面板数据的空间计量检验[J]. 科学学研究，2015，33（11）：1651-1659.

[40] 刘丽伟，高中理."互联网+"促进农业经济发展方式转变的路径研究[J]. 世界农业，2015（12）：18-23.

[41] 刘明宇，芮明杰，夕姚凯. 生产性服务价值链嵌入与制造业升级的协同演进关系研究[J]. 中国工业经济，2010（8）：66-75.

[42] 厉无畏，王振. 中国产业发展前沿问题[J]. 上海：上海人民出版社，2003：202-203.

[43] 李晓钟，陈涵乐，张小蒂. 信息产业与制造业融合的绩效研究——基于浙江省的数据[J]. 中国软科学，2017（1）：22-30.

[44] 李晓华."互联网+"改造传统产业的理论基础[J]. 经济纵横，2016（3）：57-63.

[45] 罗月江. 互联网产业与传统零售业产业融合度测算及影响因素分析[D]. 广州：华南理工大学，2014.

[46] 罗文. 互联网产业创新系统及其效率评价研究[D]. 北京：北京交通大学，2014.

[47] 卢强，吴清华，周永章，等. 广东省工业绿色转型升级评价的研究[J]. 中国人口·资源与环境，2013，23（7）：34-41.

[48] 姜付秀，屈耀辉，陆正飞，等. 产品市场竞争与资本结构动态调整[J]. 经济研究，2008（4）：99-110.

[49] 马健. 产业融合理论研究评述[J]. 经济学动态，2002（5）：78-81.

[50] 马健. 信息产业融合与产业结构升级[J]. 产业经济研究，2003（2）：37-42.

[51] 秦可德，秦月，徐长乐，等. 制造业深度全球化背景下区域制造业转

型升级研究——以浙江嘉兴市制造业转型升级为例[J]. 科技进步与对策，2013, 30（22）：43-47.

[52] 单元媛, 罗成. 产业融合对产业结构优化升级效应的实证研究——以电子信息业与制造业技术融合为例[J]. 企业经济, 2013, 32（8）：49-56.

[53] 孙理军, 严良, 全球价值链上中国制造业转型升级绩效的国际比较[J]. 宏观经济研究, 2016（1）：73-85.

[54] 泰勒尔. 产业组织理论[M]. 马捷, 等, 译. 北京：中国人民大学出版社，1997：538.

[55] 唐德森. 科业变革和互联网渗透下的产业融合[J]. 科研管理, 2015, 36（S1）：453-458.

[56] 唐要家. 竞争、所有权与中国工业经济效率[J]. 产业经济研究, 2005（3）：1-7.

[57] 童有好. "互联网+制造业服务化"融合发展研究[J]. 经济纵横, 2015（10）：62-67.

[58] 汪芳, 潘毛毛. 产业融合、绩效提升与制造业成长[J]. 科学学研究, 2015, 33（4）：530-538.

[59] 王岳平. 开放条件下的工业结构升级研究[D]. 北京：中国社会科学院研究生院, 2002.

[60] 王志华, 陈圻. 江苏制造业结构升级水平的综合测度[J]. 生态经济, 2012（4）：99-103.

[61] 吴延兵. R&D与生产率——基于中国制造业的实证研究[J]. 经济研究, 2006（11）：60-71.

[62] 吴阳芬. "互联网+"时代制造业转型升级新模式、路径与对策研究[J]. 特区经济, 2016（7）：139-141.

[63] 徐金海, 王俊. "互联网+"时代的旅游产业融合研究[J]. 财经问题研究, 2016（3）：125-131.

[64] 徐盈之, 孙剑. 信息产业与制造业的融合——基于绩效分析的研究[J].

中国工业经济, 2009 (7): 56-66.

[65] 杨建利, 邢娇阳. "互联网+"与农业深度融合研究[J]. 中国农业资源与区划, 2015, 37 (8): 191-197.

[66] 阳立高, 谢锐, 贺正楚, 等. 劳动力成本上升对制造业结构升级的影响研究——基于中国制造业细分行业数据的实证分析[J]. 中国软科学, 2014 (12): 136-147.

[67] 曾繁华, 何启祥, 冯儒, 等. 创新驱动制造业转型升级机理及演化路径研究[J]. 科技进步与对策, 2015, 32 (24): 45-49.

[68] 张伯旭, 李辉. 推动互联网与制造业深度融合[J]. 经济与管理研究, 2017, 38 (2): 87-96.

[69] 张福, 邬丽萍. "互联网+工业"融合发展下的路径选择[J]. 科技与经济, 2016, 29 (5): 10-14.

[70] 张磊. 产业融合与互联网管制[M]. 上海: 上海财经大学出版社, 2001: 117.

[71] 张志元, 李兆友. 新常态下我国制造业转型升级的动力机制及战略趋向[J]. 经济问题探索, 2015 (6): 144-149.

[72] 詹浩勇, 冯金丽. 西部生产性服务业集聚对制造业转型升级的影响[J]. 技术经济与管理研究, 2016 (4): 102-109.

[73] 赵立昌. 互联网经济与我国产业转型升级[J]. 当代经济管理, 2015, 37 (12): 54-59.

[74] 赵珏, 张士引. 产业融合的效应、动因和难点分析——以中国推进"三网融合"为例[J]. 宏观经济研究, 2015 (11): 56-62.

[75] 赵新华. 产业融合对经济结构转型的影响: 理论及实证研究[J]. 湖南大学, 2014.

[76] 赵玉林. 产业经济学原理及案例[M]. 3版. 北京: 中国人民大学出版社, 2014: 234.

[77] 赵振. "互联网+"跨界经营: 创造性破坏视角[J]. 中国工业经济, 2015

（10）：146-160.

[78] 周大鹏. 制造业服务化对产业转型升级的影响[J]. 世界经济研究，2013（9）：17-22.

[79] 周艳梅. 外商直接投资与我国工业结构升级研究[D]. 武汉：华中科技大学，2011.

[80] 夏志杰. 工业互联网：体系与技术[M]. 北京：机械工业出版社，2017.

[81] 吴伟萍. 信息化推动产业转型：作用机制与实证研究[J]. 广东社会科学，2008（3）：52-58.

[82] 刘勇. 新时代传统产业转型升级：动力、路径与政策[J]. 学习与探索，2018（11）：102-109.

[83] 刘志彪，张超. 市场机制倒逼产业结构调整的经济学分析[J]. 社会科学，2014（2）：47-55.

[84] 张墨. 互联网背景下广东省制造业转型升级路径研究[D]. 广州：广东财经大学，2015.

[85] 闪菲雅. "互联网+"制造业转型升级的影响研究——以中国中部地区为例[D]. 郑州：河南财经政法大学，2020.

[86] 杜传忠，郭树龙. 中国产业结构升级的影响因素分析——兼论后金融危机时代中国产业结构升级的思路[J]. 广东社会科学，2011（4）：60-66.

[87] 杜鹏. 中国制造业产业升级研究——后发大国的视角[D]. 武汉：武汉大学，2012.

[88] 林毅夫，陈斌开. 重工业优先发展战略与城乡消费不平等——来自中国的证据[J]. 浙江社会科学，2009（4）：10-16+125.

[89] 黄群慧. 中国的工业化进程：阶段、特征与前景[J]. 经济与管理，2013（7）：5-11.

[90] 陈佳贵，黄群慧，吕铁，李晓华. 中国工业化进程报告（1995~2010）[M]. 北京：社会科学文献出版社，2012（29）：2-31.

[91] 李晓华. 中国工业化的阶段特征与发展任务[J]. 中国经贸导刊，2015（2）：16-18.

[92] 傅元海，叶祥松，王展翔. 制造业结构优化的技术进步路径选择——基于动态面板的经验分析[J]. 中国工业经济，2014（9）：78-90.

[93] 金碚，吕铁，邓洲. 中国工业结构转型升级：进展、问题与趋势[J]. 中国工业经济，2011，275（2）：2-15.

[94] 李晓华，严欢. "中国制造"正在丧失劳动成本优势吗[J]. 工业经济论坛，2015，2（1）：13-22.

[95] 沈坤荣，赵倩. 创新驱动发展的国际经验及其对中国的启示[J]. 学习与探索，2015（11）：77-81.

[96] 李刚，察建辉，项奕霓. 中国产业升级的方向与路径——中国第二产业占GDP的比例过高了吗[J]. 中国工业经济，2011，283（10）：16-26.

[97] 李晓华. 中国工业的发展差距与转型升级路径[J]. 经济研究参考，2013，2539（51）：15-30.

[98] 江飞涛，武鹏，李晓萍. 中国工业经济增长动力机制转换[J]. 中国工业经济，2014，314（5）：5-17.

[99] 黄群慧，贺俊. 中国制造业的核心能力、功能定位与发展战略——兼评《中国制造2025》[J]. 中国工业经济，2015（6）：5-17.

[100] 聂辉华，贾瑞雪. 中国制造业企业生产率与资源误置[J]. 世界经济，2011（7）：27-42.

[101] 伍华丽. 制造业上市公司研发投入强度的影响因素研究[M]. 重庆：重庆大学出版社，2012：5-20.

[102] 张慧明，蔡银寅. 中国制造业如何走出"低端锁定"——基于面板数据的实证研究[J]. 国际经贸探索 2015，31（1）：52-65.

[103] 杜传忠，李彤，刘英华. 风险投资促进战略性新兴产业发展的机制及效应[J]. 经济与管理研究，2016，37（10）：64-72.

[104] 郭晶，杨艳. 经济增长、技术创新与我国高技术制造业出口复杂度研

究[J]. 国际贸易问题，2010（12）：91-96.

[105] 陈爱贞，刘志彪. 决定我国装备制造业在全球价值链中地位的因素——基于各细分行业投入产出实证分析[J]. 国际贸易问题，2011（4）：115-125.

[106] 白雪洁,李媛. 我国战略性新兴产业发展如何避低端锁定——以风电设备制造业为例[J]. 中国科技论坛，2012（3）：50-55.

[107] 胡大立. 我国产业集群全球价值链"低端锁定"的诱因及其突围[J]. 现代经济探讨，2013（2）：23-26.

[108] 张卫华，张原，原磊，于建勋. 中国工业经济增长动力机制转变及转型升级研究[J]. 调研世界，2015（6）：3-10.

[109] 谢康，肖静华，周天波，乌家培. 中国工业化与信息化研究质量：理论与实证[J]. 经济研究 2012（1）：181

[110] 谭清美，陈静. 信息化对制造业升级的影响机制研究——中国城市面板数据分析[J]. 科技进步与对策，2016，10（20）：55-62.

[111] 曾繁华，刘淑萍. "互联网+"对中国制造业升级影响的实证检验[J]. 统计与决策，2019，35（9）：124-127.

[112] 王可，李连燕. "互联网+"对中国制造业发展影响的实证研究[J]. 数量经济技术经济研究，2018，35（6）：3-20.

[113] 徐伟呈，范爱军. "互联网+"驱动下的中国产业结构优化升级[J]. 财经科学，2018（3）：119-132.

[114] 王娟："互联网+"与劳动生产率：基于中国制造业的实证研究[J]. 财经科学，2016（11）：91-98.

[115] 石喜爱，季良玉，程中华. "互联网+"对中国制造业转型升级影响的实证研究——中国 2003—2014 年省级面板数据检验[J]. 科技进步与对策，2017，34（22）：64-71.

[116] 纪玉俊，张彦彦. 互联网+背景下的制造业升级：机理及测度[J]. 中国科技论坛，2017（3）：50-57.

[117] 郭家堂,骆品亮. 互联网对中国全要素生产率有促进作用吗? [J]. 管理世界, 2016（10）: 34-49.

[118] 巫强,刘志彪. 本土装备制造业市场空间障碍分析——基于下游行业全球价值链的视角[J]. 中国工业经济, 2012（3）: 43-55.

[119] 范子杰,张亚斌,彭学之. 基于上游延伸的中国制造业地域特征及变化机制[J]. 世界经济, 2016, 39（8）: 118-142.

[120] 郭志芳. 产品内国际分工与国家价值链提升——基于跨国层面和产品细分贸易数据的实证分析[J]. 亚太经济, 2016（4）: 124-130.

[121] 冯伟,李嘉佳. 中国制造业价值链攀升的影响因素研究——理论假说与实证分析[J]. 产业经济评论, 2018（3）: 5-14.

[122] 魏龙,王磊. 全球价值链体系下中国制造业转型升级分析[J]. 数量经济技术经济研究, 2007, 34（6）: 71-86.

[123] 李松庆,梁碧云. 制造业服务化概念和演进阶段的研究综述与展望[J]. 商业经济研究, 2012（35）: 16-117.

[124] 刘斌,魏倩,吕越,祝坤福. 制造业服务化与价值链升级[J]. 经济研究, 2016（3）: 151-162.

[125] 周大鹏. 制造业服务化对产业转型升级的影响[J]. 世界经济研究, 2013（9）: 17-22.

[126] 郭怀英. 制造业服务化趋势及其启示[J]. 产业经济评论, 2013（6）: 21-27.

[127] 黄群慧,崔景东. 中国制造业服务化的现状与问题——国际比较视角[J]. 学习与探索, 2013, 217（8）: 90-96.

[128] 陈洁雄. 制造业服务化与经营绩效的实证检验——基于中美上市公司的比较[J]. 商业经济与管理, 2010（4）: 33-41.

[129] 国家制造强国建设战略咨询委员会. 中国制造 2025 蓝皮书[M]. 北京: 电子工业出版社, 2017.

[130] 曹磊. 互联网+: 产业风口[M]. 北京: 机械工业出版社, 2015.

[131] 李廉水. 中国制造业发展研究报告（2017—2018）[M]. 北京：北京大学出版社，2018.

[132] 李廉水. 中国制造业发展研究报告（2015）[M]. 北京：北京大学出版社，2016.

[133] 豆大帷. 新制造："智能+"赋能制造业转型升级[M]. 北京：中国经济出版社，2019.

[134] 李志宏. 武汉人才资源开发与制造业转型升级匹配模式[M]. 武汉：中国地质大学出版社，2017.

[135] 朱磊. 浙江制造业产业成长研究[M]. 北京：中国农业出版社，2004.

[136] 张洁梅. 现代制造业与生产性服务业互动融合发展研究[M]. 北京：中国经济出版社，2013.

[137] 王福君. 区域比较优势与辽宁装备制造业升级研究[M]. 北京：中国经济出版社，2010.

[138] 刘伟，刘国真. 东莞制造业比较优势、产业关联度及转型升级研究[M]. 北京：人民出版社，2015.

[139] 张得红，等. 互联网+制造：发现工业4.0时代微蓝海[M]. 北京：人民出版社，2015.

[140] 周凯歌，卢彦. 工业4.0：转型升级路线图：中国制造2025背景下互联网+制造业的融合与重构[M]. 北京：人民邮电出版社，2016.

[141] 司晓，孟昭莉，闫德利，李刚，戴亦舒. 互联网+制造：迈向中国制造2025[M]. 北京：电子工业出版社，2017.

[142] 李廉水，刘军，程中华. 中国制造业发展研究报告（2019）：中国制造40年与智能制造[M]. 北京：科学出版社，2019.

[143] 郑元男. 互联网+体育：未来无限遐想[M]. 杭州：浙江大学出版社，2018.

[144] 吴为. 工业4.0与中国制造2025：从入门到精通[M]. 北京：清华大学出版社，2015.

[145] 中国企业联合会. 智能制造：中国视角与企业实践[M]. 北京：清华大学出版社，2016.

[146] 杜启杰. 互联网时代的企业新思维[M]. 北京：中国言实出版社，2017.

[147] 冯志军. 中国制造业技术创新系统的演化及评价研究[M]. 北京：经济科学出版社，2017.

[148] 李京文. 全球化背景下的中国制造业发展战略研究：2005 年制造业发展高层论坛文集[M]. 北京：中国财政经济出版社，2006.

[149] 两化融合管理体系工业领导小组. 制造业+互联网：深化制造业与互联网融合发展省部级干部专题研讨班报告[M]. 北京：电子工业出版社，2017.

[150] 工业和信息化部电子第五研究所，谢少锋. 质量为先：制造强国的基石[M]. 北京：电子工业出版社，2015.

[151] 李占强. 中国制造业突破性技术创新机制案例研究[D]. 天津：南开大学，2014.

[152] 郭新宝. 我国制造业转型升级的目标和路径[J]. 中国特色社会主义研究，2014（3）：33-37.

[153] 梅姝娥. 技术创新模式选择问题研究[J]. 东南大学学报，2008（3）：20-24.

[154] 胡恩华. 企业技术创新能力指标体系的构建及综合评价[J]. 科研管理. 2001，22（4）：79-84.

[155] 李廉水，周勇. 制造业技术创新能力评价与比较研究——以长三角为例[J]. 科学学与科学技术管理，2005（3）：38-42.

[156] 王章豹，李垒. 我国制造业技术创新能力与产业竞争力的灰色关联分析[J]. 科学学与科学技术管理，2007（7）：38-42.

[157] 孙早，宋炜. 战略性新兴产业自主创新能力评测——以企业为主体的产业创新指标体系构建[J]. 经济管理，2012，34（8）：20-30.

[158] 吴延兵,米增渝. 创新、模仿与企业效率——来自制造业非国有企业的经验证据[J]. 中国社会科学,2011(4):77-94.

[159] 孙少勤,邱斌. 全球生产网络条件下FDI的技术溢出渠道研究——基于中国制造业行业面板数据的经验分析[J]. 南开经济研究,2011(4):50-66.

[160] 戴小勇,成力为. 研发投入强度对企业绩效影响的门槛效应研究[J]. 科学学研究,2013,31(11):1708-1716.

[161] 张铁山,肖皓文. 中国制造业技术创新能力和效率评价研究——基于因子分析法和数据包络法[J]. 工业技术经济. 2015(10):99-106.

[162] 孙文杰. 外资研发与大中型企业技术创新能力——基于产业层面的面板协整检验[J]. 财经科学,2009(12):65-73.

[163] 吴和成,华海岭,杨勇松. 制造业R&D效率测度及对策研究——基于中国17个制造行业的数据[J]. 科研管理,2010,31(5):45-53.

[164] 孙早,宋炜. 企业R&D投入对产业创新绩效的影响——来自中国制造业的经验证据[J]. 数量经济技术经济研究,2012(4).

[165] 钱丽,肖仁桥,陈忠卫. 我国工业企业绿色技术创新效率及其区域差异研究——基于共同前沿理论和DEA模型[J]. 经济理论与经济管理,2015(1):26-43.

[166] 徐建荣. 转型期中国制造业结构变动研究[D]. 南京:南京航空航天大学,2009.

[167] 吴先华,李廉水. 中国制造业产业的兴衰识别研究[J]. 科学学研究,2010(10):1476-1483.

[168] 孙泗泉,叶琪. 创新驱动制造业转型的作用机理与战略选择[J]. 产业与科技论坛,2015,14(2):15-18.

[169] 黄山松,谭清美. 制造业能源效率测算与影响因素分析[J]. 技术经济与管理研究,2010(6):14-18.

[170] 陈关聚. 中国制造业全要素能源效率及影响因素研究——基于面板

数据的随机前沿分析[J]. 中国软科学，2014（1）：180-192.

[171] 杨洪焦，孙林岩. 中国制造业结构的演进特征分析及其趋势预测[J]. 科研管理，2009，30（5）：61-68.

[172] 傅元海，叶祥松，王展祥. 制造业结构优化的技术进步路径选择——基于动态面板的经验分析[J]. 中国工业经济，2014（9）：78-90.

[173] 刘佳宁. 新常态下制造业转型升级的金融支撑[J]. 广东社会科学，2016（1）：46-54.

[174] 国家计委宏观经济研究院课题组. 我国通信设备制造业的结构调整与产业升级[J]. 宏观经济研究，2001（3）：36-41.

[175] 穆荣平. 中国通信设备制造业国际竞争力评价[J]. 科学学研究，2000（3）：54-61.

[176] 吴灼亮，穆荣平. 中国通信设备制造业竞争力态势分析[J]. 科学学与科学技术管理，2005（3）：83-87.

[177] 王宗军，陈世状. 通信设备制造业竞争力的评价模型及其应用[J]. 科技管理研究，2007（6）：85-87.

[178] 毕克新，陈大龙，王莉静. 制造业企业自主创新与知识管理互动过程研究[J]. 情报杂志，2011（1）：125-129.

[179] 李廉水，董乡萍. 我国制造业自主创新的现状和制约因素研究——基于产业、区域和企业视角[J]. 江海学刊，2009（3）：77-82.

[180] 魏艳秋，和淑萍，高寿华. "互联网+"信息技术服务业促进制造业升级效率研究——基于 DEA-BCC 模型的实证分析[J]. 科技管理研究，2018（17）：195-202.

[181] 惠宁，周晓唯. 互联网驱动产业结构高级化效应分析[J]. 统计与信息论坛，2016（10）：54-60.

[182] 卢福财，金环. 互联网对制造业价值链升级的影响研究——基于出口复杂度的分析[J]. 现代经济探讨，2019（2）：89-96.

[183] 徐伟呈，范爱军. 互联网技术驱动下制造业结构优化升级的路径[J].

产业经济，2017（3）：45-57.

[184] 陈志祥, 迟家昱. 制造业升级转型模式、路径与管理变革——基于信息技术与管理变革的探讨[J]. 中山大学学报, 2016（4）: 180-190.

[185] 赵放, 任雪. 新经济下制造业与互联网的体验式融合发展[J]. 当代经济研究, 2017（3）: 78-83.

[186] 赵振. "互联网+"跨界经营：创造性破坏时间[J]. 企业管理, 2015（10）: 146-159.

[187] 李佳钰, 周宇. 互联网对中国工业技术创新效率的影响：基于阶段异质效应的分析[J]. 人文杂志, 2018（7）: 34-42.

[188] 王金杰, 郭树龙, 张龙鹏. 互联网对企业创新绩效的影响及其机制研究——基于开放式创新的解释[J]. 南开经济研究, 2018（6）: 170-189.

[189] 尹士, 李柏洲, 周开乐. 基于资源观的互联网与技术创新模式演化研究[J]. 科技进步与对策, 2018（3）: 93-98.

[190] ALI M, KAN K A S, SARSTEDT M. Direct andconfigurational paths of absorptive capacity and organizational innovation to successful organizational performance [J]. Journal of Business Research, 2016, 69(11): 5317-5323.

[191] AVERY J, STEENBURGH T J, DEIGHTON J, et al. Adding bricks to clicks: predicting the patterns of cross-channel elasticities over time[J]. Journal of Marketing, 2012, 76(3): 96-11.

[192] AZADEGAN A, WAGNER S W. Industrial upgrading, exploitative innovations and explorativ innovations[J]. International Journal of Production Economics, 2011, 130(1): 54-65.

[193] BELKHIRI L, NARANY T S. Using multivariatestatistical analysis, geostatistical techniques and structural equation modeling to identify spatial variability of groundwater quality[J]. Water Resources Management, 2015, 29(6): 2073-2089.

[194] BERGH D D, AGUINIS H, HEAVEY C, et al. Using meta-analytic structural equation modeling to advance strategic management research: guidelines and an empirical illustration via the strategic leadership performance relationship[J]. Strategic Management Journal, 2016. 37(3): 477-497.

[195] BOEHM M. Determining the impact of Internet channel use on a customer's lifetime[J]. Journal of Interactive Marketing, 2008, 22(3): 2-22.

[196] BREINLICH H. Trade liberalization and industrial restructuring through mergers and acquisitions[J]. Journal of International Economics, 2008, 76(2): 254-266.

[197] CAMISN C, VILLAR-LOPEZ A. Organizational innovation as an enabler of technological Innovationcapabilities and firm performance[J]. Journal of Business Research, 2014, 67(1): 2891-2902.

[198] CASAS F, REES G. Measures of children's subjective well-being: Analysis of the potential for cross-national comparisons[J]. Child Indicators Research, 2015, 8(1): 49-69.

[199] CHOI C, YI M H. The effect of the Internet on economic growth: evidence from cross-country panel data[J]. Economics Letters, 2009, 105(1): 39-41.

[200] DRUCKER J, FESER E. Regional industrial structure and agglomeration economies: an analysis of productivity in three manufacturirg industries[J]. Regional Science and Urban Economics, 2012, 42(1-2): 1-14.

[201] FRANKE R, KALMBACH P. Structural changein the manufacturing sector and its impact on business-related services: an input-output study for Germany[J]. Structural Change and Economic Dynamics, 2005,

16(4): 467-488.

[202] GIULIANI E, PIETROBELLI C, RABELLOTTI R. Upgrading in global value chains: lessons from Latin American clusters[J]. World Development, 2004, 33(4): 549-573.

[203] GUO PIN, SHEN YUE. The impact of Internet finance on commercial banks' risk-taking: theoretical interpretation and empirical test[J]. Finance and Trade Economics, 2015, 36(10): 102-116.

[204] HUMPHREY J, SCHMITZ H. Governance and upgrading: linking industrial cluster and global value chain research[J]. IDS Working Paper, 2000: 120.

[205] HUMPHREY J, SCHMITZ H. How does insertion in global value chains affect upgrading in industrial clusters?[J]. Regional Studies, 2002, 36(9): 1017-1027.

[206] HUNG-JEN TU. Performance implications of internet channels in financial services: a comprehensive perspective[J]. Electronic Markets, 2012, 22(4): 243-254.

[207] ISTAITIEH A, RODRIGUEZ FERNANDEZ J. Stakeholder theory, market structure and the firm's capital structure: an empirical evidence[J]. Social Science Electronic Publishing, 2003: 1-37.

[208] KAISHAN SONG, LIN LI, TEDESCO L P, et al. Remote estimation of chlorophyll-a in turbid inland waters: three-band model versus GA-PLS model[J]. Remote Sensing of Environment, 2013, 136(136): 342-357.

[209] KARAOMERLIOGLU D C, CARLSSON B. Manufacturing in decline? a matter of definition[J]. Economics of Innovation and New Technology, 1999, 8(3): 175-196.

[210] KARVONEN M, KASSI T. Patent citations as a tool for analysing the early stages of convergence[J]. Technological Forecasting and Social

Change, 2013, 80(6): 1094-1107.

[211] KIM HUAT G, KAUFFMAN ROBERT J. Firm strategy and the Internet in U. S. commercial banking[J]. Journal of Management Information Systems, 2013, 30(2): 9-40.

[212] ROLSTADAS A, HENRIKSEN B, O'SULLIVAN D. Manufacturing outsourcing[M]. London: Springer London, 2012: 27.

[213] ROSSI A. Does economic upgrading lead to social upgrading in global production networks? evidence from morocco[J]. World Development, 2013, 46(1): 223-233.

[214] ROSENBERG N. Technological changein the machine tool industry: 1840-1910[J]. The Journal of Economic History, 1963, 23(4): 414-443.

[215] SHAFER W E. Ethical climate, social responsibility, and earnings management[J]. Journal of Business Ethics, 2015, 126(1): 43-60.

[216] YA-KAI CHANG, YU-LUN CHEN, CHOU R K. Corporate governance, product market competition and dynamic capital structure[J]. International Review of Economics and Finance, 2015, 38: 44-55.

[217] JAMES E, KATZ, RONLAD E. The telephoneas a medium of faith, hope, terror, and redempyion america, september 11[J]. Prometheus, 2002(9): 93-109.

[218] ISABEL CASTELO-BRANCO, FREDERICO CRUZ-JESUS, TIAGO OLIVEIRA. Assessing industry 4. 0 readiness in manufacturing: evidence for the europeanunion[J]. Computers in Industry, 2019, 107.

[219] VANDERMERWE, S, RADA, J. Servitization of business: adding value by adding services[J]. European Management Journal, 1998, 6(4): 314-324.

[220] BAINES T, LIGNTFOOT H, PEPPARD J. Towards anoperations strategy for product centric servitisation[J]. Int JOper Prod Manage,

2009, 29(5): 494-519.

[221] KENNETH J, ARROW. Preface: edwin mansifield's research on technology and innovation[J]. Technology Management, 2000, 19(1): 117-129.

[222] EMST H. Patent portfolios for strategic R&D planning[J]. Journal of Engineer Technology Manage. 1998(15): 279-308.

[223] HUMPHREY J, SCHMITZ H. How does insertion in global value chains affect upgrading in industrial clusters?[J]. Regional Studies, 2002, 36(9): 1017-1027.

[224] ELIAS HANS DENER RIBEIRO DA SILVA, JANNIS ANGELIS, EDSON PINHEIRO DE LIMA. In pursuit of digital manufacturing[J]. Procedia Manufacturing, 2019: 63-69.

[225] MIYAZAKI S, IDOTA H, MIYOSHI H. Corporate productivity and the stages of ICT development [J]. Information Technology & Management, 2012, 13(1): 17-26.

[226] CARDONA M, KRETSCHMER T, STROBEL T. ICT and productivity: conclusions from the empirical literature[J]. Information Economics and Policy, 2013, 25(3): 109-125.

[227] CLARKE G R G, QIANG C Z, XU L C. The Internetas a general-purpose technology: firm-level evidence from around the world[J]. Economics Letters, 2015, 135: 24-27.

[228] YUN J H J, WON D K, PARK K. Dynamics fromopen innovation to evolutionary change[J]. Joumal of Open Innovation: Technology, Market, and Complexity, 2016.

[229] J HUMPHREY, H SCHMITZ. Governance and upgrading: linking industrial cluster and global value chain research[R]. IDS Working Paper 120, Brighton: Institute of Development Studies, 2000.

[230] OLINER S D, SICHEL D. Computers and output growth revisited: how big is the puzzle?[J]. Brookings Papers on Economic Activity, 1994, 25(2): 273-334.

[231] STIROH K J. Information technology and the U. S. productivity revival: what do the industry data say? [J]. American Economic Review, 2002, 92(5): 1559-1576.

[232] WILLIAM D NORDHAUS. Productivity Growth and the New Economy[J]. Brookings Papers on Economic Activity, 2002, 66(2): 211-244.

[233] HAWASH R, LANG G. The Impact of Information technology on productivity in developing countries[R]. GUC Working Paper, 2010, 19.

[234] DAVERI F. Information technology and productivity growth across countries and sectors [J]. SSRNEl ectronic Journal, 2003: 66-72.

[235] DEWAN, SANJEEV, KRAEMER, et al. Information technology and productivity: evidence from country-level data[J]. Management Science, 2000(4): 548-562.

[236] LEE S Y T, GHOLAMI R, TONG T Y. Time series analysis in the assessment of ICT impact at the aggregate level-lessons and Implications for the new economy[J]. Information & Management, 2005, 42(7): 1009-1022.

[237] DEDRICK J, KRAEMER K L, SHIH E. Information technology and productivity in developed and developing countries[J]. Journal of Management Information Systems, 2013, 30(1): 97-122.

[238] MEHMOOD B, AZIM P, RAZA S H, et al. Labor productivity, demographic traits and ICT a demo-tech productivity model for Asian Region[J]. International Journal of Economics and Financial Issues, 2014, 4: 773-783.

[239] PORTER M E. The competitive advantage[M]. New York: Free Press, 1985. 110-125.

[240] KOUGUT B. Designing global strategies: comparative and competitive value-added chains[J]. Sloan Management Review, 1985, 26(4): 15-28.

[241] GEREFFI G. A commodity chains framework for analyzing global industries[R]. Duke University Working paper, 1999.

[242] GEREFFI G. The organization of buyer-driven global commodity chains: how u. s. retailers shape overseas production networks[C]// G GEREFFI, M KORZE-NIEWICZ. Commodity Chains and Global Capitalism. London: Praeger, 1994: 95-122.

[243] KAPLINSKY R, MORRIS M, READMAN J. The globalization of product markets and immiserizing growth: lessons from the south african furniture industry[J]. World Development, 2002, 30(7): 1159-1177.

[244] PER PAVLINEK, JAN ZENKA. Upgrading in the auto-motive industry: firm-level evidence from central europe[J]. Journal of Economic Geography, 2010, 11(3): 1-28.

[245] CONTRERAS O F, CARRILLO J, ALONSO J. Local entrepreneurship within global value chains: a case study in the mexican automotive industry[J]. World Development, 2012, 40(5): 1013-1023.

[246] VANDERMERWE S, RADA J. Servitization of business: adding value by adding services[J]. European Management Journal, 1989, 6(4): 314-324.

[247] REISKIN E D, WHITE A L, JOHNSON J K. Servicizing the chemical supply chain[J]. Journal of Industrail Ecology, 1999, 3(2): 19-31.

[248] ANDREA SZALAVETZ. Tertiaization of manufactring Industry in the new economy: experience of hungarian company[R]. Hungarian

Academy of science working papers, 2003, 134.

[249] SMITH K. What is the "knowledge economy"? knowledge intensive industries and distributed knowledge bases[EB/OL]. https: //EconPapers. repec. org/RePEc: unm: unuint, 2002-06.

[250] FEENSTRA R C. Integration of trade and disintegration of production in the global economy[J]. Scanning Microscopy International, 1998, 10(3): 292-309.

[251] KROT A N, MEIBOM A, RUSSELL S S, et al. A new astrophysical setting for chondrule formation[J]. Science, 2001, 291(5509): 1776-1779.

[252] GRANSTRAND O. The Shift towards Intellectual capitalism-the role of Infocom Technologies[J]. Research Policy, 2000, 29(9): 1061-1080.

[253] SLEPNIOV D, WAEHRENS B V, JORGENSEN C. Global operations networks in motion: managing configurations and capabilities[J]. Operations Management Research, 2010, 3(3): 107-116.

[254] OLIVA R, KALLENBERG R. Managing the transition from products to services[J]. International Journal of Service Industry Management, 2003, 14(2): 160-172.

[255] GROSSMAN G M, HELPMAN E. Trade knowledge spillovers and growth[J]. European Economic Review, 1991, 35(2-3): 517-526.

[256] HAUSMANN R, KLINGER B. Structural transformation and patterns of comparative advantage in the product space[R]. CID working paper, 2006, No. 128.

[257] PAUL R KRUGMAN. The narrow and broad arguments for free trade[J]. American Economic Review, 1993, 83(2): 362-366.

后 记

　　本书是在我博士后出站报告的基础上修改而成的。掩卷沉思时分，已是夜阑人静，秀江河边的碧桂园里已难得见到几处灯火。日复一日地写作工作，至今日终于可以搁笔。完成出站报告最后一章后，在江西财经大学的学习生活就要画上一个休止符，心中充满无限感慨！起初，或多或少是带着一些好奇选择研究"互联网+制造业"这一课题，而进一步的研究让我异常地苦闷，不断地责问自己为什么选择一个几乎一无所知的领域来研究。但是，随着研究的深入，我对"互联网+制造业"这一特定主题产生了浓厚的兴趣，特别是当论文初稿完成后，我迫不及待地将其与现实对照，每次都能收获异常的喜悦。回眸出站报告的写作过程，既有面对困惑的迷茫，又有困难解决后的释然，遥想在江西财经大学度过的岁月，有付出，亦有收获，有喜悦，亦有遗憾，但此时此刻更多的是留恋和感激。

　　感谢我的博士后合作导师卢福财教授。在论文写作的每一个环节，卢老师都给予我悉心指导和谆谆教诲，而且在生活中，卢老师总是能够及时、无私地提供关怀与帮助，给予我前行的动力。感谢卢老师从论文选题、开题、写作到修改过程中所倾注的大量心血，他渊博的学识、严谨的学风、谦和的性格，必将让我受益终身。

　　感谢江西财经大学王自力教授、罗世华教授、刘满凤教授对我的指导以及对开题报告提出的宝贵意见和建议。感谢陈思华教授、李明教授、胡平波教授在出站答辩会上给予中肯的修改意见和宝贵的意见建议。感谢博士后流动站管理办公室的刘剑玲老师、李海玲老师，在我求学过程中给予耐心细致、热情周到的帮助。感谢求学路上的同行者刘小惠、占佳、肖泉、戴亿政 4 位博士，因为你们的存在，这段时光将让我终生难忘。

　　感谢我的家人，你们在生活中给了我无微不至的关怀，在精神上给了我莫大的激励支持和自由翱翔的空间。有了你们的支持，我在求学道路上并不孤单，我将继续跋涉前行，行稳致远……

　　感谢前人丰富的研究成果让我能够站在巨人的肩膀上顺利完成出站报告。由于本人知识水平有限，考虑层面还不够深入，书中还有很多方面有待进一步深化和完善，不足和值得商榷之处在所难免，恳请同行专家和学者不吝指正，提出宝贵意见及建议。

贺　冬

2022 年 12 月